KB051792

**이기적
리더십**

마음을 사고 _____ 마음을 이용한

이기적

세상을 훔친 영웅들의 귀신도 부리는 심리학

리더십

서상원 지음

스타북스

Prologue

역사를 만든 영웅들은
어떻게 원하는 것을 얻는가?

세상을 훔친 영웅들은 심리전의 승리자였다

경쟁이나 전쟁에서 승패를 결정짓는 핵심은 심리전이다. 결국 이 전쟁에서 승리한 사람이 결과에 따른 이득의 대부분을 가진다.

우리가 인생을 살아가는 삶에는 수많은 심리전이 도사리고 있다. 그리고 삶을 대하는 태도에 따라 인간을 세 가지 유형으로 나눌 수 있다.

첫째는 방관자들이다. 그들은 자신에게 일어난 일인데도 방관할 뿐 아무것도 하려고 하지 않는다. 두려움 때문에 한 발짝 뒤로 물러선다. 다른 사람의 일에 관여하려 들지 않고 소란을 만들고 싶지 않기 때문에 문제를 일으키지는 않는다. 그들의 삶은 큰 사건 없이 강물이 흐르듯 무난하게 흘러갈 뿐이다. 안정적이지만 도전하기를 두려워하기 때문에 승리자가 되는 것도 두려워한다.

의외로 많은 사람들이 실패보다 성공에 더 두려움을 느낀다. 성공의

이기적
리더십

화려함 뒤에는 책임을 져야 한다는 족쇄가 기다리기 때문이다. 사람들에게 본보기를 보여야 한다는 부담감도 있다. 그리하여 주어진 역할에 최선을 다하지 않고 부당한 경우를 당해도 항의하지 않는다.

둘째는 패배자이다. 패배자라고 해서 꼭 싸움에 졌거나 비참한 생활을 하는 사람들을 가리키는 말이 아니다. 이들은 자기 자신을 패배자라고 여긴다. 삶에 만족하지 못하고 불평을 하지만 불만을 해소하기 위한 행동은 하지 않는다. 방관자 유형이 그저 보기만 한다면 패배자 유형은 삶에 대한 불평과 불만을 갖고 타인을 시기한다. 그들이 시기하는 타인은 사실 그들이 되고자 하는 타인일 수 있다. 되려고 하지 않고 될 수 없기에 시기함으로써 억압된 욕망을 해소한다. 그래서 패배자들은 되고 싶은 사람들과 비슷한 옷을 입으려 하고 그들의 행동을 따라한다. 스타를 따라하지만 스타의 사생활에는 엄격한 잣대를 들이미는 사람들이 패배자 유형일 가능성이 높다. 그들은 자연스럽게 타인의 시선에 얽매이고 권위에 순응하다.

　　마지막으로 승리자 유형이 있다. 그들은 소수이고 언뜻 보면 자신이 바라는 삶을 쉽고 자연스럽게 얻은 것처럼 보인다. 그들은 직장, 가정, 지역, 사회 어디에서든 최선을 다한다. 자신에게 충실함은 물론 다른 이에게도 관심을 기울인다.

　　그들이 누리고 있는 것은 거저 얻은 것이 아니다. 그렇기 때문에 아무것도 하지 않고 부를 얻은 자들과도 다르다. 자신이 세운 목표를 달성하기 위해 노력했고 삶을 함부로 긍정하거나 부정하지 않는다. 삶의 무게를 알고 있기 때문이다. 그들에게도 실패나 고난은 있을 것이고 좌절의 순간도 있었겠지만 올곧이 견디는 강함이 있다. 승리자 유형은 타인의 마음을 이해하고 자신의 강함과 약함도 잘 알고 있으며 때로는 상대의 마음을 이용한다.

대부분의 사람들 속에는 방관자나 패배자의 모습이 숨겨져 있다. 타인의 성공에 관대하지 않고 그 과정을 쉽게 의심한다. 부자를 보고 물질에만 연연하는 속물이 아닌가 하고 생각한다. 삶을 어떻게 보느냐에 따라서 삶은 여러 각도로 바뀐다. 위에서는 크게 세 가지로 나누었지만 사람의 내면은 더욱 복잡하고 다양하다. 세상은 사람이 움직이고 사람은 마음으로 움직인다. 따라서 사람의 마음을 알아야 세상을 움직이는 방법도 달라질 것이다.

함께하고 믿어주면 목숨도 기꺼이 바친다

　전쟁은 인간의 폭력성과 잔인함이 극도로 표출된 현상이다. 전쟁 역시 사람의 일이기 때문에 심리전이 중요한 역할을 한다. 지휘관은 전투에서 승리하려면 군사들의 마음을 먼저 얻어야 했다. 훌륭한 전략과 전술은 전투를 승리로 이끌 수 있겠지만 보장받을 수는 없다. 승리의 결정적인 열쇠는 전투를 실제로 하는 군사들의 승리에 대한 절실한 열망과 죽음도 불사 않는 용기의 마음이다.

　군사들의 마음을 사고 마음을 이용한 춘추전국시대에 오기라는 장수가 있었다. 오기는 위나라의 장군이 되자 군사들과 의식주를 함께하고 말이나 수레를 타지 않았다. 자신이 먹을 양식은 자신이 손수 지고 다녔다. 젊은 군사 중에 종기를 앓는 자가 있었다. 그러자 오기는 그의 종기를 입으로 직접 빨아 주었다. 그 모습을 본 군사들은 모두 감격하지 않을 수 없었다.
　그러나 이 소식을 접한 그 군사의 어머니는 통곡을 하면서 울었다.
　"아니, 장군이 당신의 아들 종기를 빨아 주었는데 어찌하여 우는 것이오?"
　마을 사람들이 의아하여 물었다.
　"내 아들은 이제 죽을 것입니다."

군사의 어머니가 울면서 대답했다.

"어째서 당신 아들이 죽는다는 말이오?"

"옛날에 오기 장군이 저 애 아버지의 종기를 빨아 준 일이 있습니다. 저 애 아버지는 너무나 감격하여 그때부터 한 걸음도 물러서지 않고 적군과 싸우다가 죽었습니다. 이제 장군이 내 아들의 종기를 빨아 주었으니 내 아들도 감격하여 한 걸음도 물러서지 않고 오기 장군을 위해 싸우다가 죽을 것입니다. 그러니 내가 통곡하지 않을 수가 있겠습니까?"

그제야 사람들이 모두 고개를 끄덕거렸다. 과연 오기가 종기를 빨아 준 젊은 군사는 전쟁이 일어나자 누구보다도 용감하게 싸우다가 전사했다. 오기의 부대는 당연히 대승을 거두었다. 그렇게 오기는 사람을 아낄 줄 알았고 용병술과 심리전의 대가였다. 그는 그렇게 군사들의 마음을 사로잡았고 그들을 용맹한 군사로 만들었다. 오기의 먼저 믿어 주고 목숨을 걸게 하는 용병술로 위나라는 강대한 나라가 되었다. 오기 장군은 '오기병법'으로 유명한 당사자이기도 하다.

 '삶은 전쟁이다'라고 우리는 곧잘 인생의 많은 부분을 전쟁에 비유
한다. 갈등이 극대화되면서 나타나는 전쟁은 수많은 갈등의 치열함이
나 위기감과 닮아 있기 때문이다.

 현실은 '전쟁 그 자체'로 느껴질 만큼 무자비하게 사람들을 극단으
로 내몬다. 지금 우리가 겪고 있는 이런 상황을 반추하면서 읽기를 권
한다. 따라서 이 책은 치열한 전쟁터에서 승리한 명장들의 사례를 소
개함으로써 전쟁 같은 경쟁 사회를 살고 있는 모든 사람들에게 실전
지침서가 되었으면 한다.

 위대한 명장과 성공한 경영자 사이에는 공통점이 많다. 총알이 쏟아
지거나 날카로운 칼들의 부딪힘이 연상되는 전쟁 속의 장군이나 자본
주의 사회에서 끊임없는 경쟁을 하면서 기업을 지탱해야 하는 경영자

는 비슷하다. 무엇보다 장군도 경영자도 사람들의 마음을 얻어야 하고 때로는 이용하기도 한다. 오늘날의 경영자는 직원들의 마음은 물론 소비자들의 마음도 얻어야 한다. 이 책에 등장하는 명장들은 전쟁터에서 용맹하게 싸워 공을 세우고 군사들의 마음을 사로잡은 경영자를 능가한 영웅이었다.

위기를 정면으로 돌파한 명장들은 전략전술을 계획하고 군대를 관리하는 위대한 경영자였다. 유능한 지휘관은 실제 전투보다 경영에 훨씬 더 많은 노력과 시간을 투자했다. 군사들의 목숨을 담보로 하는 전투를 승리로 이끌기 위해서는 만반의 준비가 필요하기 때문이다. 그리고 그 기나긴 준비가 빛을 보는 순간이 전투에서 승리하는 순간이었다.

마음을 얻는 일이 필요한 것은 경영자뿐만 아니라 전쟁 같은 사회를 살아가는 현대인들 역시 마찬가지이다. 현대인들은 관계 맺는 사람들의 마음을 얻고자 하는 욕망이 있으며 최소한 얻지는 못해도 적은 만들지 말아야 한다.

이 책에 등장하는 명장들은 귀신도 부릴 수 있는 영웅들로 대부분의 전쟁에서 승리를 이룬 용감한 전사이자 군사들의 마음을 사로잡은 경영자이다. 따라서 오늘날에도 적용할 수 있는 실전 경영 기법이나 마음을 얻는 기술들을 명장들의 지혜로 알 수 있다.

경쟁에서 이기는 사람은 상대의 마음을 움직이고 마음을 얻는 사람이다. 따라서 시대가 아무리 흘러도 변하지 않는 보편적인 가르침과 영웅들의 생생한 실전경험과 지혜가 가득 담긴 이 책을 읽은 분들에게 많은 도움과 위기를 돌파하는 담대한 용기를 가졌으면 한다.

Contents

Chapter 2 기회는 총알처럼 사용하라

Chapter 5 꿈꾸는 자, 반드시 이룬다

Chapter
1

영웅들이
펼치는
이기적
경영학

말로 행동을 이끄는 영웅의 용병술

명령으로 소통한다

부하들에게 직접 메시지를 전하라

명장들이 공통적으로 사용한 커뮤니케이션 기술은 병사들에게 직접 메시지를 전달하는 것이었다. 너무도 많은 경영자들이 실제로 일선에서 뛰는 사람들과 대화를 나누지 않는 잘못을 범한다. 미사여구 가득한 지시서를 쓰거나 멋진 목표들을 줄줄이 나열하는 데 몰두할 뿐, 조직에서 원활한 커뮤니케이션을 하지 못한다.

장군들도 다소 이런 경향이 있다. 그러나 명장들은 병사들과 직접 대화를 나누며 그들에게 정확한 지시를 하달하는 일을 게을리하지 않았다. 존경받는 경영자는 끊임없이 커뮤니케이션하는 사람이다. 업무 지시를 꼼꼼하고 정확히 전달하지 않고서 직원이 그 일을 잘 해내기를 기대할 수는 없다.

커뮤니케이션이 원활한 조직은 규율도 잘 지켜지고 조직원 간의 신뢰도도 높다. 메시지는 정확해야 하며, 그것이 명령인 경우 즉각 실행에 옮겨져야 한다. 군 지휘관이나 기업 경영자들은 상관에게 이 말을 하고 실제로는 저 일을 하는 경우가 너무나 많다. 그러면 상관은 그 부하를 하나부터 열까지 세세히 관리해야 하거나 심한 경우 해고할 수밖에 없다. 우리의 명장들은 상관이나 동료들에게도 끊임없이 정보를 주고 정보에 맞는 일을 했다. 많은 경영자들이 부하에게 아무 말도 하지 않거나, 동료에게 자신들의 일을 알리지 않는 우를 범한다. 커뮤니케이션의 공백은 곧바로 혼란으로 연결된다. 혼란으로까지 번지지 않는다 해도 경영자가 무능하다는 의혹은 막을 수가 없다.

내부로부터 행동을 이끌어 내라

군 지휘관 하면 흔히 사병을 앞에 놓고 고래고래 소리를 지르거나 팔굽혀 펴기 같은 벌칙을 내리는 모습을 떠올린다. 물론 군대에서는 이런 거친 면모가 필요할 때도 있다. 그러나 역사의 명장들은 병사들을 대할 때 사나운 모습보다는 다정하고 따뜻한 면모를 많이 보였다. 거친 일들은 훈련 담당 하사관들의 몫으로 남겨졌다. 활력이 넘치는 조직에는 예외 없이 불을 뿜는 '훈련 담당 하사관'이 있다. 하지만 직무 수준을 최고로 끌어올리려면, 밖에서 행동을 강제하는 하사관들뿐 아니라 안에서 행동을 이끌어 내는 명장도 필요하다.

훌륭한 경영자라면 부하들과 관계 맺는 일에 능숙해야 한다. 상관이 자신을 충분히 배려한다고 느끼지 못할 때, 부하들이 그 상관을 성실히 따르기란 어려운 일이다. 그렇기 때문에 훌륭한 지휘관들은 병사들과 되도록 많은 시간을 함께하며 자신이 그들을 배려하고 있다는 사실을 전하기 위해 애쓴다. '발로 뛰는 경영'은 비즈니스계가 그 개념을 만들어 내기 이전에 알렉산더를 비롯한 많은 명장들이 사용해 왔던 기술이다.

병사들과 계속 접촉한다는 것은 말처럼 쉬운 일이 아니다. 직원과 경영자 또는 장군과 병사들 사이에는 많은 장벽이 가로놓여 있다. 뛰어난 경영자는 실제 작업 현장으로 내려가서 그곳에서 일하는 사람들과 수시로 접촉한다. 작업 현장이 전장이 되었건 시장이 되었건 간에 지도자가 수시로 병사나 직원들에게 관심을 보여 주며 확실한 계획을 제시한다면 그 소득이란 이루 말할 수 없이 크다. 그런데 중견 간부들은 툭하면 특별 주차 구역이라

든가 간부 식당을 따로 두며 인위적인 장벽을 세우려 한다.

물론 명장들도 나름대로의 특권을 누렸다. 하지만 병사들과 원활한 관계를 유지한 것으로 유명한 지도자들은 병사들과 가급적 똑같은 조건에서 생활하려 했다. 특권은 지도자에 대한 예우의 문제이다. 모든 조직은 지도자에게 일정한 특혜를 준다. 그러나 특권에 집착하지 않고 병사들과 편안히 아니면 적어도 그들과 익숙하게 생활을 공유한다면, 군대의 사기는 놀라울 정도로 치솟는다.

맥아더의 명성은 교전이 불을 뿜는 전선에 빈번히 모습을 드러낸 데서도 비롯되었다. 쉬지 않고 전장의 최전선을 누비고 다니는 맥아더의 행동을 만용으로 여긴 병사들도 있었지만, 고위 지휘관이 몸소 전선에 나와 전황을 살피고 전투의 위험 속에 함께 서 있는 모습은 모두를 감동시키기에 충분했다. 맥아더에 대한 인간적인 평가는 갈리는 부분도 있으나 그는 전쟁이 끝날 때까지 총탄이 날아드는 전선을 떠나지 않았다. 고생을 함께하는 맥아더의 행동으로 병사들의 사기가 올랐음은 물론이다.

그러나 병사들을 이해한다고 과시하며 총탄 앞에 서고 식사를 함께하는 것만으로는 아무 소용이 없다. 무언가 가시적인 혜택이 필요한 법이다. 명장들은 바로 그것을 놓치지 않았다. 나폴레옹은 일찍이 '군대의 사기와 물질은 3대 1의 관계가 있다.'고 말한 바 있다. 병사들 개개인이 자신의 능력을 믿으면 그 효과는 엄청나다. 그리고 물질적인 보상을 받으면 병사들은 더욱 큰 충성심을 발휘한다.

역사의 명장들은 여러 가지 방법으로 병사들의 생활을 돌보았다. 식사를 제때 지급하고 적절한 무기와 장비를 보급해 주는, 어쩌면 당연하기까지 한 일만으로도 군대의 사기는 크게 달라졌다. 사상자를 최소화하려고 노력하는 모습도 긍정적인 효과를 불러일으켰다. 2차 대전 중 맥아더의 부대는 다른 어떤 장군의 군대보다도 병력의 손실이 적었다. 물질적인 보상과 충성심의 상관관계는 예나 지금이나 변함없이 중요하다.

부하들을 존중하라

훌륭한 경영자는 항상 부하들을 존중한다. 명장들은 자신이 노력하지 않고는 병사들로부터 존경받을 수 없음을 알고 있었다. 부하들을 존중하고 적절한 커뮤니케이션을 통해 존중하는 마음을 전달한다면 부하들은 두려움 때문에 움직이는 때와는 비교할 수 없는 열성과 충성을 보인다.

명장들은 직속 부하들을 각별히 존중했다. 장군이건 아니면 분대장이건 간에, 지휘관 한 사람이 개인적으로 관리 · 감독할 수 있는 사람은 수십 명을 넘지 못한다. 명장은 직접 지도할 소수의 부하를 고르고 그들이 다시 그만큼의 부하를 거느리고 그들이 다시 부하를 거느리는 식의 구조를 만들었다.

뛰어난 부하를 거느리지 않고 명장이 될 수 있는 사람은 아무도 없다. 현대 군대는 거대한 관료 조직이기 때문에 장군이 자신의 직속 부하를 직접 선택하지 못하는 경우가 많다. 그러나 장군이라면 자신에게 주어진 자원을 최대한 활용해서 문제를 극복할줄 알아야 한다. 명장은 명장답게 어떤 상황에 처하더라도 최선의 결과를 이끌어 내는 법이다.

─── 커뮤니케이션에 실패하면 큰 타격을 입는다 ───

원활한 커뮤니케이션은 어떤 일에서건 중요한 힘을 발휘한다. 지도자가 커뮤니케이션을 제대로 해내지 못하면 그 조직은 뒤처지고 만다. 커뮤니케이션에 실패하면 지도자로서도 실패할 수밖에 없다. 모든 명장들이 한결같이 사용하고 큰 효과를 본 기술이 있다면, 그것은 바로 커뮤니케이션 능력이다. 명장들은 모두 커뮤니케이션에 뛰어났거나 적어도 일정 수준의 능력을 지니고 있었다. 경영자들도 여러 집단과 커뮤니케이션 할 수 있는 능력을 지녀야 한다. 부하, 상사, 동료, 전략적 파트너, 언론, 경쟁자들이 모두 커뮤니케이션 대상이다. 오늘날 성공했다고 평가받는 경영자들은 모두 커뮤니케이션에 성공한 이들이다.

명장들은 다양한 커뮤니케이션 기법을 활용했다. 그러나 어떤 집단을 대상으로 하건 간에 내용만큼은 변함없이 명확했다. 메시지를 전달하는 데는 언제나 오해가 끼어들 위험이 있고, 그 결과 본의 아니게 참담한 실패로 끝날 수도 있다. 전쟁사를 살펴보면 지휘관이 필요한 메시지를 제때 제 사람에게 전달하지 못한 경우가 수두룩했다. 심지어 엉성하게 적힌 메시지가 오해를 낳아 재난을 불러일으키기도 했다. 비즈니스 세계에서도 같은 일이 자주 일어난다. 직원들이 엉뚱한 데 힘을 쏟고, 제휴자들이 피해를 입고, 매스미디어를 통해 회사에 치명적인 타격을 주는 유언비어가 유포되는 등 막대한 손실이 발생한다.

명장들의 커뮤니케이션 능력은 대부분 부하들이나 동맹국 그리고 일반 국민들에게 명확한 메시지를 전달할 때 발휘되었다. 하지만 그 이상으로 활용한 사람들도 있다. 알렉산더, 에드워드 3세, 나폴레옹 그리고 맥아더는 선전과 홍보의 귀재였다. 맥아더를 빼고는 이들이 모두 매스미디어의 등장 이전에 활약한 사람들임을 감안한다면 얼마나 커뮤니케이션을 중요하게 생각했는지 짐작하기란 어렵지 않다. 게다가 매스미디어의 발달은 장군이나 경영자들에게 홍보 활동의 중요성을 한층 더 부각시켰다.

미군 지도부는 대외 홍보의 중요성을 베트남 전쟁의 실패로 뼈저리게 깨달았다. 1960년대 미군 장성들은 매스미디어와 유연한 관계를 맺지 못했다. TV의 시대가 온 뒤에도 날로 성장해 가는 미디어의 힘을 얕잡아 보았다. 베트남 전쟁은 전황이 TV를 통해

방영된 최초의 전쟁이었지만 미군은 국민들이나 민간 지도자들과 제대로 커뮤니케이션 할 방법을 찾지 못해 쩔쩔맸다.

베트남 전쟁이 대중의 호의를 얻지 못했다는 사실도 일조를 했겠지만, 아무튼 미군은 1980년대까지도 여론을 움직이는 강력한 주체로 떠오른 매스미디어와 원활한 관계를 맺지 못했다. 과거 명장들은 당대 미디어의 잠재력을 누구보다도 먼저 알아보는 비범함을 드러냈다. 애석하게도 베트남 전을 치를 당시, 미국에는 그런 명장이 없었던 것이다. 실제로 미디어를 더 잘 활용한 것은 북베트남 쪽이었다. 20세기 초 공산주의자들과 파시스트들은 매스미디어를 이용하여 여론을 움직이고 조작하는 데 뛰어났고 덕분에 많은 이득을 보았다.

───────── 적에게 얼굴 표정을 드러내지 말라 ─────────

'적(경쟁자, 전략적 파트너, 언론 등)'과 커뮤니케이션을 할 때는 '무엇을 말하지 않을 것인가'가 말해야 하는 내용만큼이나 중요하다. 기업의 지도자는 적을 상대할 때 분명하고 정확한 태도를 견지해야 한다. 부지불식간에 정보를 누설한다든가 지레 겁을 먹고 너무 많은 사실을 알려 주는 일은 금물이다. 필요할 때는 협력해야 하지만 현명한 경영자라면 그들이 제공하는 정보가 언제나 확실하지 않음을 명심해야 한다. 기업의 지도자는 나중에 협력자가 알게 되면 곤란하다고 생각하는 일을 미리 말해서는 안 된다. 역사가 증명하듯이 협력과 동맹 관계는 늘 시시각각으로 변한다. 자기 속을 지나치게 보이는 지도자는 어리석다.

커뮤니케이션 문제를 잘 해결해 가려면 조지 패튼이 그랬듯이 적과 협력자에 대한 정보를 샅샅이 모으고 분석하라. 군사 용어로 이를 '첩보'라고 하는데, 패튼이야말로 첩보 분야의 손꼽히는 대가였다. 패튼은 다각도로 적을 분석하고 결과에 근거를 두고 부하들에게 지시를 내렸다. 자연히 패튼의 부하들은 적에게 예기치 못한 화를 당하는 일이 별로 없었다. 부하들도 패튼의 명령이라면 안심하고 실행할 정도였다.

경영자들이 매스미디어나 경쟁자와 상대할 때는 커뮤니케이션의 내용을 분명히 해야 한다. 모호한 표현은 언론이나 경쟁자에게 도리어 진정한 의도를 일러 주는 단서가 될 수 있다. 기업의 지도자는 대중 앞에서 실수를 저지를까 봐 두렵다고 해서 커뮤니케이션을 포기하면 안 된다. 경영자가 자신이 입을 열지 않으면 다른 사람이 말을 하게 되기 때문이다. 매스미디어를 능숙하게 활용하면, 기업의 지도자는 대중과 경쟁자들에게 확고한 이미지를 심어 줄 수 있다. 반대로 매스미디어를 잘 활용하지 못하면 회사의 경영이 잘 되지 않는다는 인상을 줄 우려가 있다.

세상을 훔친 영웅의 이기적 리더십

전투도 경영이다

세부 사항을 꿰뚫어라

명장만큼 철저한 계획과 준비 그리고 지식과 지혜가 필요한 경우는 없을 것이다. 왜냐하면 그들은 목숨을 담보로 전쟁을 수행하기 때문이다. 역사의 명장들 중에는 철저하게 병사들에게 필요한 것을 필요한 시기에 확보하는 능력이 탁월한 사람이 많았다. 할리우드 영화에서 그려지는 위대한 지도자란 영감과 격렬한 힘이 넘치는 영웅적 인물이지 꼼꼼하게 계획을 세우는 사람이 아니다. 지도자에게는 물론 영감도 필요하고, 격렬한 힘도 있어야 한다. 하지만 역사의 명장들은 그보다는 계획과 조직을 더욱 중요시 했다.

지도자는 세부 사항을 꿰뚫고 있어야 성과를 거둘 수 있다. 세부적인 부분까지 고려되지 않은 계획은 경영자의 욕망을 뭉뚱그려 모아 놓은 허상에 지나지 않는다. 명장들은 사전 계획을 철저히 세우고, 전투에 임하기 전에 선행되어야 하는 일과 방법을 정확히 알고 있었다. 명장들이 고안한 작전은 종이 조각 위에 끼적거린 단순한 아이디어에서 비롯된 것이 아니라, 오랜 세월 깊이 생각하고 다듬어 온 결과물이다.

경험에서 얻은 육감에 의존하지 말라

계획이 선행되지 않는다면 경영자는 사업을 진척시키는 데 소요되는 시간과 필요한 자원 그리고 비용을 예측할 수 없다. 엉터리 계획은 사업을 지체시키고 비용을 낭비하여 결국은 실패로 이어진다. 훌륭한 계획을 세우려면 지도자가 먼저 자신의 목적지와 거기에 이르는 방법을 잘 알고 있어야 한다. 명장들은 결코 주도면밀한 계획 없이 전장에 나서지 않는다.

경영자들은 보통 경험에서 얻은 육감에 지나치게 의존하는 경향이 있으며 계획을 세우기보다는 그때그때 상황에 반응하면서 일을 진행시킨다. 경쟁 상대 역시 계획을 하지 않는 사람이라면 그때그때 상황에 맞추는 방법도 별 문제가 없을 것이다. 그러나 만약 용의주도한 명장들과 마주치게 된다면 게임은 이미 끝난 것이나 마찬가지이며 성공의 길 또한 막혀 버린다. 계획을 체계적으로 세우는 지도자는 상황에 좌우되지 않고 스스로 상황을 이끌 줄 안다. 스스로 계획하고 상황을 조절할 수 있다면 예기치 못한 화를 당할 가능성도 줄어든다.

불필요한 잉여 인력을 줄여라

역사의 어느 시기를 보아도 명장들은 자신이 이끄는 조직의 효율을 극대화하기 위해 개선과 변화의 노력을 멈추지 않았다. 계획을 실행에 옮기려면 조직의 힘이 필요하다. 완벽한 조직은 있을 수 없지만 조직이 엉성하면 모든 과정이 혼란스럽고 준비된 계획도 쉽게 망가진다. 뛰어난 지도자들은 효율적으로 조직을 운영한다. 오래전에도 장군들은 각각의 임무를 세부적으로 지시하는 등 전쟁을 치밀히 계획하고 탄탄한 조직을 구성한 기록이 남아 있다.

역량 있는 장군들은 병사들의 무기와 장비를 꼼꼼히 살피고, 식량이나 건강 문제도 빈틈없이 챙겨서 병사들이 야외 생활을 잘 견뎌 나갈 수 있도록 배려했다.

잘 조직된 군대는 전투 준비 능력도 뛰어났다. 명장들이 이룬 조직의 변화는 여러 세기가 지난 뒤 보편적인 형태로 자리 잡았다. 전쟁을 경험한 군 지도자들은 전투의 몫이 그다지 크지 않다는 사실을 잘 알고 있다. 전투는 오히려 수많은 준비 작업의 결과이다. 보급품, 탄약, 무기가 전투 지역에 제대로 전달되지 않으면 전투는 이루어질 수 없다.

기업의 성과 역시 계획과 조직의 수준에 달려 있다. 20세기에 접어들자 손으로 만질 수 없는 것을 생산하는 기업이나 부서가 엄청나게 늘어났다. 그에 따라 겉으로 보기에는 그저 자원만 소비할 뿐, 실제 생산 담당자들에게는 별 도움이 되지 않는 듯한 수많은 '참모진'들이 생겼다.

로마 시대부터 오늘날까지 실질적으로 싸우는 전투병들은 이처럼 뒤에서 편하게 살고 있는 동료들을 좋지 않은 눈길로 바라볼 수밖에 없다. 참모진들은 어느 시대에나 존재했지만 그 수가 많은 경우 경영에 상당한 어려움을 끼쳤다. 게다가 '참모진'은 약간의 기회만 있어도 급속히 증식하는 경향이 있다.

수천 년 전에는 글을 쓰고 셈을 하는 등의 유능한 인물 수십 명을 거느리고 전투를 계획하는 것이 명장의 위용이라 여겨졌다. 그런데 현대에는 거치적거리기만 하는 참모를 수백 명씩 거느리는 경우가 있다. 현명한 지도자라면 꼭 필요한 소수만 남기고 잉여 인력을 없애야 한다. 군복 입은 지도자에게나 양복 입은 지도자에게나 '참모 경영'이란 언제나 어려운 문제이다.

게다가 '종군 수행원' 대 '전투원'의 비율이 바뀌면서 효율성이 떨어졌다. 한 세기 전만 하더라도 군대의 병력은 80퍼센트가 전투원이고 나머지는 군복 입은 종군 수행원(지원 병력)이었다. 그런데 이 비율이 점차 역전되었다. 오늘날 군사 분야의 가장 혁명적인 변화는 지원 병력이 급격히 증가했다는 점이다.

머나먼 과거에는 행군 병사에 비해 종군 수행원이 많았다. 여기에는 그럴 만한 이유가 있었다. '야전'을 수행하는 군대는 야영 생활을 했는데, 가뜩이나 거친 생활 속에서 야영 장비를 돌보고 잡일을 거들어 주는 하인들까지 없다면 병사들은 건강도 사기도 유지할 수 없었다. 따라서 병사들을 이끌고 전투를 계속하려면 장군들은 최대한 많은 종군 수행원을 대동해야 했다.

오직 최고의 규율을 갖춘 군대만이 종군 수행원을 거느리지 않고 병사들 스스로 잡일을 해냈다. 로마군이 바로 그러했는데 이들의 경우에는 종군 수행원의 수가 병력의 절반에도 못 미쳤다. 그 뒤 로마의 제도 멸망과 더불어 자취를 감추었다가 18세기 들어 많은 유럽 군대가 병사들에게 직접 잡일을 시키는 훈련을 실시한 뒤에야 다시 살아났다.

19세기에는 증기선과 철도의 등장으로 보급 업무가 훨씬 수월해졌으며 차츰 민간의 지원 병력에 더 많은 부분을 의존하게 되었다.

날로 증가하는 군 보급품과 장비 조달 업무는 대부분 민간의 손에 넘어갔다. 노동자들은 후방에서 무기 등 갖가지 물품을 생산했으며, 배와 철도가 생산된 물건을 군대까지 실어 날랐다. 물론 전투 부대에 가까워질수록 지원 인력들 가운데 군인 신분을 지닌 사람이 많아지지만, 그들이 하는 일 자체는 후방의 민간인들이 하는 일과 전혀 다르지 않았다. 아무튼 과학기술의 발달 등으로 오늘날 군대에서의 전투병 비율에 비해 종군 수행원 수가 많았다. 육·해·공군 어디에나 군복 입은 종군 수행원의 수가 전투병의 수를 앞지른다.

고위 지휘관들은 전투병 출신 중에서 나오지만 장교들의 수는 비전투 병과가 압도적으로 많다. 이처럼 '꼬리(지원 병력)가 개(전투병)를 흔드는 격'의 현상은 관리상 많은 어려움을 야기한다.

현대 군에서 지원 병력의 역할은 아주 중요하지만, 실제로 전투를 수행하는 것은 전투병이다. 그러나 평화 시기가 되면 전투 장군들은 종군 수행원 장군들에게 수적으로 밀리며, 군대 내에도 '전투병'의 분위기는 퇴조하고 '종군 수행원'의 분위기가 더 크게 자리를 잡는다.

격전 상황에서야 당연히 전투병 출신 장군이 이끄는 군대가 종군 수행원 장군의 군대보다 뛰어난 전과를 올리지만 이는 실제로 전쟁이 벌어져야 확인되는 일이다.

평화로운 시기에는 전투병이나 종군 수행원 모두 자신의 능력을 얼마든지 과시할 수 있고, 언론이나 상관들을 설득하는 일도 그리 어렵지 않다. 오늘날 민간 부문에서도 '종군 수행원'의 비율은 두드러지게 높다.

늘 전투 상황에 놓여 있는 기업체는 종군 수행원의 수가 지나치게 많으면 적자가 쌓인다. 이때는 기업이 즉시 잉여 인력을 감량해야 수익을 회복할 수 있다. 평화로운 시기의 군대에도 조직의 실상을 정직하게 보여줄 대차대조표가 늘 있어야 한다. 또 사업을 원활하게 수행하려면 필요한 자원을 충분히 확보한 후, 이를 가깝게 배치해 두어야 한다.

사업이 실패하는 아주 흔한 요인은 윗사람들이 끼어들어 불필요한 업무를 부가시키는 것이다. 명장들도 측근이나 국왕이 끼어들어 특정한 일을 요구할 경우, 으레 이런 어려움을 겪었다. 다른 사람들이 개입하여 이래라 저래라 하면 그 사업을 담당하는 실무자는 결과에 대해 걱정하지 않는다. 기업 조직은 일선에 있는 사업 담당자들을 가장 효과적으로 지원해 주는 구조를 갖추어야 한다. 조직을 제대로 꾸릴 줄 아는 경영자들은 언제나 경쟁자들보다 앞서가게 마련이다.

경직된 조직은 무너진다

역사의 명장들은 계획이나 조직이 안정된 기반 위에 있다고 생각하지 않았다. 계획을 실행하다 보면 자연히 이런저런 결함이 드러난다. 탁월한 경영자는 실행 과정에서 계획을 수정·보완하는 일을 꺼리지 않는다. '어떤 전투 계획도 적과 마주치는 순간 무너진다'는 말이 있다. 사업 계획도 마찬가지이다. 현명한 경영자는 실전을 항상 생각해야 할 뿐 아니라 아무리 공들여 세운 계획이라도 조건이 변하고 새로운 사건이 발생하면 얼마든지 바뀔 수 있다는 점을 염두에 두어야 한다.

광대한 영토를 정복한 알렉산더와 칭기즈 칸은 정복지의 문화에서 많은 것을 배웠다. 그들은 군사력이나 외교 역량을 키워 줄 요소들을 발견하면 즉시 자신의 것으로 만들었다.

카이사르는 최고의 자리에 올라선 뒤에도 늘 새로운 기회를 노렸다. 그는 눈앞에 다가오는 기회를 놓치는 법이 없었으며 참담한 실패가 예견되는 일에서조차 꾸준한 노력 끝에 성과를 얻어냈다. 카이사르는 유연하게 일을 처리했고 새로운 기회를 놓치지 않고 탐색했다.

프리드리히 대왕 또한 유연성과 적응력이 뛰어나서 암담해 보이는 상황에서도 새로운 해결책을 찾아내곤 했다. 협상에서건 전투에서건 특유의 유연성을 발휘할 줄 알았다.

변화하지 않는 기업은 몰락한다

훌륭한 경영자는 변화를 두려워 않고 최선의 방책을 찾을 줄 알아야 한다. 그런데 많은 조직들이 변화를 꺼리고 기존 방식 그대로만 기업을 꾸려 나가려 하는 우를 범한다. 새로운 생각을 재창출하지 않는 기업이 미래의 성공을 바랄 수는 없다. 변화란 두려운 일이긴 하지만, 그 두려움은 변화하지 않고 있다가 느닷없이 당할 난관에 비하면 훨씬 사소하고 극복하기도 쉽다.

사람들은 대개 익숙한 데서 편안함을 느끼는 법이다. 그렇다고 해서 새로운 방법을 탐색하고 실험하려는 호기심과 의욕을 버린다면 나중에는 더 큰 문제로 돌아온다.

역사의 명장들은 목숨을 내걸면서까지 실험과 변화에 도전했다. 전투에 질 경우 지휘관이라고 해서 달리 목숨을 보전할 방법은 없었고 이기는 것만이 최선이었다. 이들에 비하면 경영자들은 훨씬 위험 부담이 덜하다. 하지만 새로운 방법을 최초로 시도했을 때 얻는 성과와 성취감은 명장들에게 결코 뒤지지 않는다고 할 수 있다.

Chapter
2

기회는
총알처럼
사용하라

과학과 지식으로 혁신한 군주

샤를마뉴

샤를마뉴(Charlemagne)

[742~814] 프랑크 왕국의 왕·서로마 제국의 황제. 정책 수립 능력이 탁월하고 정치적 통일을 이룬 군주로 오늘날 서유럽 세계의 토대를 만들었다. 구교도를 보호하여 800년에 로마 교황으로부터 서로마 제국의 제관(帝冠)을 받았다. 재위 기간은 768~814년이다.

샤를마뉴는 로마 제국이 멸망한 뒤에 출현한 군사 지휘관들 중 단연 돋보이는 사람이었다. 그는 재위 기간 내내 쉴 새 없이 전쟁을 벌여 오늘날의 프랑스와 독일 지역에 있는 군소 왕국 및 공국들을 통합하고, 동방으로는 슬라브족의 영토를 획득했으며, 스페인에서는 이슬람 교도를 몰아냈고, 이탈리아에서는 롬바르드족의 발호를 막았다. 그의 정복 활동을 탐욕의 결과로만 여겨서는 곤란하다. 샤를마뉴가 살았던 시대는 매우 거칠었고 영토 확장에 열을 올리던 때였다. 많은 사람들이 전쟁을 영예롭고도 필수적인 과업으로 여겼으며, 농지에 매여 끝도 없는 노역에 시달리는 것보다는 전쟁에 참여하는 것이 훨씬 보람을 느낄 수 있는 일이라 여겼다. 전쟁터에서 인생의 기회를 잡아보려는 젊은이들은 어느 곳에서든 넘쳐났다.

그러나 샤를마뉴는 훈련도 받지 않고 장비도 엉망인데다 규율도 모르는 소년들을 모으는 데는 관심이 없었다. 그는 체계적인 훈련을 받은 직업 기마병으로 이루어진 막강한 군대를 원했다. 이 기마병들이 바로 오늘날까지 많은 얘깃거리를 전하는 중세 기사의 원형이다. 물론 샤를마뉴의 초기의 병사들은 기사라고 부를 수 있는 단계는 아니었다. 아직 철갑옷보다 가죽 갑옷을 많이 입었고, 창보다는 칼 쓰기를 선호했다. 하지만 샤를마뉴는 롬바르드족의 기마 창병들이 뛰어난 활약을 펼치는 것을 보고는 즉시 롬바르드족의 갖가지 군사 기술을 도입했다.

샤를마뉴가 이끄는 프랑크족이나 이탈리아의 롬바르드족이나 모두 같은 게르만족이었지만 5백 년에 이르는 세월이 흐르는 동안 흩어져 지내다 사회 제도나 군사 제도가 매우 다르게 변해 있었다. 그리고 이탈리아의 롬바르드족도 프랑스의 프랑크족도 지역 원주민들에게 동화되었다. 그 결과 게르만족 본연의 호전성도 자연스럽게 줄었다. 게르만족은 독일 지역에서만 본연의 언어와 풍습을 그대로 유지했다.

당시에는 어디에나 게르만족이 가득했고 이들은 새로운 도전을 망설이지 않았다. 특히 폭력 행사야말로 게르만족이 가장 선호하는 기회였으며, 샤를마뉴는 그들이 원하던 기회를 뚜렷하게 구현한 인물이었다.

적들이 가장 크게 경탄한 샤를마뉴의 특징은 '스피드'였다. 그의 군대는 상대가 알아차리기도 전에 민첩하게 이동했다. 이렇게 빠른 속도로 작전을 수행하면 허를 찔린 적들은 샤를마뉴의 군대를 따라잡느라 허둥대다가 속수무책으로 무너지기 일쑤였고, 샤를마뉴는 손쉽게 승리를 거두곤 했다. 프랑크족은 빠른 속도로 적군의 보급(군량과 신병) 기지가 되는 주요 도시와 지역을 위협했다.

프랑크족은 적지를 샅샅이 약탈하여 지역 주민들의 공포심을 자극하는 방식을 자주 사용했다. 약탈은 당시에 흔한 겁주기 방식이었지만 한편으로 병사들을 모집하는 유인책이기도 했다. 말하자면 원시적인 보너스 제도라고 할 수 있다. 샤를마뉴의 적들은 대개 부족 수준의 왕국들로 병사들도 규율이 제대로 잡히지 않은 일반 백성들이었기 때문에 가족과 집이 위협을 당하면 쉽게 사기가 꺾였다.

스피드와 더불어 샤를마뉴는 뛰어난 전술 능력을 갖추고 있었다. 전장에 서면 그는 언제나 최적의 전술을 구사했다. 샤를마뉴가 대대로 뛰어난 전술가를 배출한 가문 출신이기도 했지만, 무엇보다 변화를 두려워 않고 연구와 실험을 통해 자신의 재능을 더욱 발전시킨 덕분이었다.

전문 지식인을 활용하라

샤를마뉴는 군대를 소수 정예화하는 문제에만 관심을 둔 것이 아니라, 전쟁 병참술도 깊이 연구했다. 군인들이 지역 주민을 약탈하는 일은 당시엔 아주 흔했다. 적지에서 강탈하면 문제가 없지만 우방 지역에서 식량 등을 강탈하면 문젯거리로 발전할 소지가 있었다. 선선히 길을 내어 준 군대에게 약탈을 당하면 우호 관계가 순식간에 적대 관계로 돌변할 수 있기 때문이다. 샤를마뉴는 이 문제를 예방하기 위해 군대에 보급품을 제때 조달하고 규칙을 어긴 병사를 엄격히 처벌했다.

　말처럼 쉬운 일은 아니었지만 샤를마뉴는 단호한 지시로 병사들을 통제하면서 규율을 확립했다. 오랜 기간 닦아온 무훈도 병사들을 복종시키는 데 많은 도움을 주었지만 그의 건장한 체구도 한 몫 했다. 샤를마뉴는 미식축구를 했다면 러닝백스를 맡아도 좋았을 만큼 체격이 크고 단단했다. 다툼이 일면 무조건 주먹다짐이나 칼싸움으로 번지기 일쑤이던 시대에 사나운 눈초리로 상대방을 내려다보며 위압할 수 있는 체력은 큰 자산이었다. 샤를마뉴에게는 그런 체구는 물론 위엄까지 있었다. 게다가 그는 뛰어난 왕이었다. 큰 분란을 일으키거나 원한을 사는 일 없이 자신의 생각을 차근차근 실행할 수 있었다.

　이전 시대의 알렉산더나 로마인들이 그랬던 것처럼 샤를마뉴가 병참술에 뛰어났던 비결은 다름아닌 '철저한 계획'이었다. 샤를마뉴는 서기를 비롯한 각 분야의 전문가들을 항상 가까이에 두었다. 그리고 지식과 전문 기술을 숭상하고 독려했다. 샤를마뉴의 참모들은 전투에 필요한 물품의 양을 계산한 뒤, 집행권과 현금을 관리하는 칙사를 시켜 물건을 구입하는 등 치밀하게 보급 준비를 했다.

　병참술에 관여하는 보좌진 가운데에는 특히 성직자가 많았다. 당시에 성직자를 빼고는 워낙 지식인이 없기도 했지만 샤를마뉴는 법복 입은 성직자들이 배신을 하거나 한눈을 팔 가능성이 더 적다는 사실까지도 고려했다.

성직자들은 이동 중에 방해를 받는 일도 별로 없었고, 교회의 공통어였던 라틴어를 구사할 줄 알았기 때문에 다른 나라 성직자들과도 쉽게 대화를 나눌 수 있었다. 일단 적지에 들어서기만 하면 약탈은 아주 손쉽게 이루어졌고 병참 문제에 대한 부담도 상당 부분 덜 수 있었다.

약탈은 전쟁의 핵심 요소였으며 적국에서 보급 문제를 해결하는 주요 방책이기도 했다. 또한 병사들이 즐거워하는 일이었고 (직원들이 성과 보너스를 받으면 즐거워하듯이) 물품 구입 비용을 절감하는 효과가 있었으며 적의 사기를 꺾는 등 여러 가지 역할을 했다.

─── 각 조직원의 기질을 아우르는 관용과 유연성 ───

샤를마뉴 제국의 주민들이 사용하는 언어만 해도 수십 가지였고 법이며 관습 체계는 그보다 더 많았다. 고대의 통치자들은 흔히 온 백성에게 하나의 법과 관습을 따르도록 강요하는 오류를 범했지만, 샤를마뉴는 달랐다. 그는 각 지방 특유의 관습을 존중했고, 한 걸음 더 나아가 관습을 성문화하는 사업을 펼쳤다. 그때까지도 대부분의 부족들이 문자를 체득하지 못했기에 법이며 관습도 입에서 입으로 전해지고 있었다.

샤를마뉴는 각 지방의 법과 관습을 성문화하려고 노력했으며,

이런 그의 각별한 관심에 지방 주민들은 감동할 수 밖에 없었다. 각 지방의 법이 모두 성문화되자, 다른 지역 사람들 간에 분쟁이 일어났을 때 큰 도움이 되었다. 샤를마뉴는 재판관들에게 법을 집행하기에 앞서 자신이 어떤 법률을 적용할 것인지를 확고히 선포하라고 지시했다. 샤를마뉴는 명확한 사법 체제로 백성들의 신뢰를 얻는 데 성공했다. 그는 로마가 1억 명이나 되는 주민을 성공적으로 통치한 비결이 바로 평화와 사법 제도였음을 간파했던 것이다.

오늘날에도 경제 성장이 빠른 나라들은 사법 제도가 발달했고 적용이 공정하다. 샤를마뉴는 막강한 군대로 평화를 유지했고, 수십 가지의 다른 법을 공부한 재판관들을 기용하여 법의 통치를 이루었다. 샤를마뉴가 사나운 모습을 띨 때는 관용적인 정책이 실패했다고 느꼈을 때뿐이었다. 그는 해마다 출병을 하긴 했지만, 기본적으로 '채찍'보다는 '당근'을 선호한 지도자였다. 덕분에 샤를마뉴는 죽은 뒤에도 무사이기 보다 관대한 왕으로 기억되었다.

보상과 견제로 입지 강화

샤를마뉴는 유연하고도 민활한 관리 체계를 만들어 드넓은 제국을 통치했으며, 공작령과 영지를 건설할 때마다 역량있는 관리들을 파견하여 지방 행정을 맡겼다.

당시가 봉건 사회였다는 사실을 감안하면 시대를 앞선 조치였음에 틀림없다. 샤를마뉴의 주력군인 기마병들은 하사받은 토지와 그곳 주민을 근거로 생활했다. 그들은 영지 내의 농민들에게 지대를 받고 각종 세금과 사용료를 부과하며, 봉토를 기업처럼 경영했다. 여기서 얻은 수입으로 그들은 무기와 말을 장만했으며, 국왕이 소집령을 내리면 하인과 부하 병사 몇 명을 거느리고 모여들었다. 말도 사람 수만큼 따라갔다.

샤를마뉴는 대토지를 소유한 사람들을 그 지방의 통치자로 임명했다. 적성 부족과 인접한 지역의 통치자들에게는 더 많은 권한을 주고 재정 지원도 아끼지 않았다. 성패를 좌우하는 요인은 어떤 사람을 어느 지방의 통치자로 임명할 것인가 하는 문제였는데, 샤를마뉴는 인재를 적재적소에 배치하고 적절한 권한을 부여하는 일에 아주 뛰어났다. 그러나 동시대의 다른 왕들은 이 분야에 능력이 부족하여 지방 행정을 엉망으로 만들어버려서 부하들의 신뢰를 잃고 왕권을 위협받는 일이 많았다.

샤를마뉴도 수백 개의 영지(촌락과 소도시와 인근 농장을 포함한)를 소유했는데, 보통 성직자와 교육받은 속인 한 명씩으로 구성된 감사팀을 구성하여 왕실 소유지를 탐방 · 조사하고 그 결과를 보고받았다. 이들 '미시 도미니키missi dominici [왕의 사자들]'는 지방 행정 관리들과 각자의 영지를 경영하는 무사들까지 철저히 조사했다. 샤를마뉴는 미시 도미니키 덕분에 자신의 재산이 잘 보존되는지, 나라 전체는 어떻게 돌아가는지를 때맞춰 보고받았다.

미시 도미니키가 활동을 시작하자 사람들은 부정을 저지르지 못했고, 저지른다 해도 자신들의 행각이 드러날까 봐 지레 겁을 먹었다. 미시 도미니키 제도는 애초에는 왕의 재산을 관리하려는 소박한 의도에서 시작되었지만, 샤를마뉴가 통치하는 동안 점점 광범위한 감사 제도로 확대되었다. 미시 도미니키 제도가 새로운 것은 아니었다. 이미 1천 년 전에 페르시아인들이 사용했으며, 그 후로도 몇몇 제국에서 활용했기 때문이다.

지식 훈련을 받아야 강해진다

샤를마뉴는 학교를 많이 세웠다. 후원을 약속하며 다른 지역의 학자들도 많이 불러 모았다. 스스로도 성인이 된 이후 일부러 시간을 내어 글 읽기를 배웠다.

샤를마뉴는 젊은 시절 문맹이었다. 크게 어려움을 겪지는 않았지만 먼저 나서서 글을 공부함으로써 교육을 중시하는 태도를 분명히 보였다. 교육을 장려하는 일은 말처럼 간단하지 않았다. 샤를마뉴 휘하의 귀족들은 모두 싸움밖에 할 줄 모르는 거친 무사들이었으며, 글을 읽을 줄 아는 자들을 경멸하기까지 했다. 무사들이 볼 때 서기와 학자들에 둘러싸인 샤를마뉴 왕은 머리가 좀

모자라거나 아니면 취미가 다소 특이한 사람이었다.

하지만 샤를마뉴는 로마가 위대해진 것은 바로 '지식'때문임을 알았고, 그리스도교 교회가 나날이 강성해지는 것도 교육과 책을 독점하고 있기 때문이라는 점을 간파했다. 당시의 도서관들은 대부분 교회가 운영하는 수도원에 부속되어 있었으며(당시만 해도 장서가 수백 권 정도 되면 규모가 제법 큰 도서관 축에 들었다), 책을 필사하는 숙련된 서기들도 모두 교회에 소속되어 있었다.

샤를마뉴는 학자들을 교회 밖으로 이끌어 내서 교육 보급 계획에 동참시켰다. 그는 속인이나 귀족들도 교육시키면서 자신의 계획을 하나하나 이루어 나갔다.

과학기술의 보급

샤를마뉴는 비록 나이가 상당히 들어서야 글을 깨우쳤지만 계산은 대단히 빨랐다. 또 상업·산업·무역이 국가의 발전에 매우 중요한 요소임을 파악하고 있었다. 그는 노력 끝에 경제 개혁 조치들을 성공적으로 수행했고, 그가 통치한 지역(이탈리아와 스페인을 제외한 유럽)은 수세기 동안 막대한 부와 경제적 호황을 누렸다.

샤를마뉴는 통화와 도량형을 통일했다. 물론 오늘날 사용하는 것과는 다르지만 피트며 부셸이며 갤런, 은화가 나타내는 양이다 제각각이던 시대에 통일을 이루어냈다는 사실 자체가 대단한 성과였다(5세기에 로마 제국이 무너질 때 도량형의 통일도 함께 무너졌었다).

샤를마뉴는 또한 무역과 새로운 과학기술을 장려했다(당대 과학 실험의 선두주자는 가용 지식을 독점하고 있던 교회였다). 그는 유용한 지식을 재능 있는 속인들에게도 보급하여 최대한 활용할 수 있도록 했다.

사후의 샤를마뉴는 아서 왕에 필적할 만큼 수많은 신화와 전설에 둘러싸인 존재가 되었다. 그러나 아서 왕과 달리 샤를마뉴는 신화가 아니라 역사 속에 실재했던 인물이다. 그의 위업은 거대 조직 관리의 역사에 큰 획을 그은 기념비가 될 만했다. 전자 통신도, 확실한 교통 수단도 없는 시대였지만 샤를마뉴는 수많은 일을 제때 그리고 확실하게 완수했다.

오랜 기간 재위하기도 했지만 그가 이룬 성과는 몇 대에 걸쳐 추진해야 달성했을 법한 엄청난 것이었다. 샤를마뉴는 기본적으로 강력한 조치를 신속하게 실행하기보다는 끊임없이 변화와 수정을 통해 다양한 상황에 꾸준히 적응해 가는 타입이었다. 서두르지 않고 신중하게 움직이는 것, 이는 샤를마뉴에게서 배울 수 있는 가장 큰 교훈이다.

내부의 단결을 이뤄 낸 강한 리더

에드워드 3세

에드워드 3세(Edward III)

[1312~1377] 영국의 왕. 재정과 정치 그리고 전쟁의 귀재로 불리면서 자신에게 닥친 난관을 돌파하는데 다양한 방법을 활용한 군주이다. 프랑스 왕위의 계승권을 주장하여 1337년에 프랑스와 백년전쟁을 시작하였다. 재위 기간은 1327~1377년이다.

백년전쟁이라 이름 붙은 장구한 전쟁은 에드워드가 스스로 촉발했다. 실제로 백년전쟁은 1337~1453년까지 무려 116년 동안 전쟁과 휴전을 되풀이했다. 에드워드는 전쟁을 수행하면서 잉글랜드의 통일을 가속화하는 한편, 프랑스를 통일하려는 프랑스 국왕의 시도를 줄곧 방해했다. 그리고 무엇보다 전쟁 전 혼란스러웠던 국내 상황을 정리하는 계기를 만들었다.

강력한 왕이 1200년대 프랑스에 연이어 나타나 잉글랜드 왕실이 소유한 프랑스 땅들을 탈취한 데 이어, 에드워드 3세가 왕위에 오른 뒤 얼마 후에는 프랑스의 새 왕(전왕들만큼 강력하지는 못했던)이 잉글랜드 왕실이 소유한 마지막 땅인 가스코뉴와 기엔을 프랑스에 복속시켰다. 그러자 이에 반발한 에드워드는 단순히 군대를 일으키는 데 그치지 않고 분쟁의 수위를 더 높여서 아예 프랑스 왕위를 요구하고 나섰다.

그의 어머니가 프랑스 카페왕조 출신이라는 이유로 왕위를 요구한 에드워드의 주장은 나름대로 명분이 있었지만, 실제로 전쟁을 일으킨 가장 큰 이유는 잉글랜드의 불안한 정세 때문이었다. 흉년으로 백성들은 힘들어하고 경제가 흔들리자 귀족들의 불만도 커져 갔다. 이에 에드워드는 프랑스로 눈을 돌려 상황을 수습하려 했다. 인구도 잉글랜드보다 세 배 이상 많고 GDP는 그보다 훨씬 더 많은 프랑스와 대결하는 데 엄청난 힘이 들 것은 자명했다. 그러나 에드워드와 그 후대 왕들은 프랑스와 전쟁을 1세기 동안 지속했으며 성공의 목전에까지 이르렀다.

전쟁 초기 몇 년 동안의 쟁점은 잉글랜드가 플랑드르 지방의 경제적 이권을 확보하는 문제였다. 플랑드르에 지배권을 확립한 잉글랜드는 이어 프랑스 북부 지방을 몇 차례 습격했으나 큰 전투는 벌어지지 않았다. 1340년대에는 브르타뉴 공작위의 승계를 둘러싸고 벌어진 오랜 내전에서 잉글랜드와 프랑스가 각각 다른 편을 지원하며 싸움을 계속했다. 1346년에는 프랑스가 가스코뉴 지방을 침공했다가 크레시에서 대패했고, 그 뒤 잉글랜드가 프랑스 서부 지역을 휘젓고 다니다가 1354년에 휴전 협정을 맺었다. 휴전의 원인은 페스트(흑사병)였다. 페스트는 1347~1348년 사이에 프랑스에서 발병했고, 14세기 중반에는 유럽 인구의 절반을 휩쓸었다.

그러나 협정은 오래가지 않아서 1355년에 다시 전쟁이 시작되었다. 1356년 푸아티에에서 벌어진 대규모 전투에서 프랑스 국왕을 사로잡은 잉글랜드 군대는 계속 프랑스 곳곳을 습격했고, 1360년에 양국은 다시 평화 협정을 맺었다. 에드워드는 이 협정에서 예전에 잉글랜드 왕실이 소유했던 프랑스 땅을 돌려받는 대가로, 프랑스 왕위를 달라는 요구를 철회하기로 합의했다. 이때 프랑스 왕의 몸값으로 약 3억 달러를 받기로 했는데 몸값이 지불

되던 도중인 1364년에 프랑스 왕이 죽자, 잉글랜드와 프랑스 양국 모두 협정을 무시하기 시작했다.

1368~1396년 사이에 프랑스는 그동안 잉글랜드가 '약탈과 습격' 전술을 통해 이전에 점령했던 땅을 거의 다 되찾았으며, 한때 프랑스가 잉글랜드 침공을 시도하기도 했다. 스페인, 이탈리아, 라인란트에서 전투가 계속 이어지는 동안 에드워드 3세는 1377년에 눈을 감았다. 그의 후계자인 흑세자가 죽은 지 1년 뒤였다. 하지만 에드워드 사후에도 전쟁의 목표는 충실히 수행되어 잉글랜드 귀족들은 종전에 갖던 불안을 해소했으며 백성들도 약탈과 습격으로 많은 부를 얻었다.

차입매수로 부를 축적

에드워드는 조상인 노르망디 공 윌리엄을 본받아 전쟁을 통해 얻는 수익으로 전쟁을 치를 방도를 찾았다. 처음에는 자신의 수입으로 군사 비용을 대려 했지만 여의치 않았기 때문이다.

그러나 전쟁 초기 몇 년 동안 에드워드는 4억 달러가 넘는 채무를 불이행할 수밖에 없는 처지가 되었다(채권자들은 주로 이탈리아 은행가들이었는데, 이들은 경제적 능력이 없는 에드워드에게 무작정 상환을 독촉할 수도 없을 만큼 힘든 상황이었다).

전쟁으로 인한 빚이 늘자 에드워드는 전쟁 자체를 통해 전쟁

비용을 얻어야겠다는 판단하에 프랑스 땅을 약탈하여 보호 상납금에 해당하는 엄청난 돈을 얻었다. 잉글랜드의 귀족들과 군대는 무차별 약탈을 통해 몇 십 년 동안 부를 축적했다. 잉글랜드 군에 협력한 프랑스 귀족은 약탈 대상에서 제외되었지만, 나머지 프랑스인들은 잉글랜드 군대의 습격을 피하지 못했다. 잉글랜드 군은 몇 세대가 지나도록 신바람나게 약탈, 공성전, 야전 싸움을 자행하며 엄청난 수입을 챙겼다.

잉글랜드 군은 대부분의 전쟁 기간 동안 우세를 유지했기 때문에 야전이나 공성전도 대개 잉글랜드의 승리로 돌아갔다. 이 과정에서 많은 프랑스 귀족이 포로로 사로잡혔는데, 당시 포로들은 몸값을 내고 풀려나는 것이 관행이었다. 몸값은 포로의 신분을 기준으로 책정되었는데, 기사나 중무장 기병은 5천 달러 이상을 주어야 해방되었다. 5천 달러면 자작농 한 명의 1년 수입보다도 큰 돈이었다. 남자 등 하위 귀족의 몸값은 몇 십만 달러였으며, 토호나 왕은 1백만 달러에서 시작하여 프랑스 왕의 경우처럼 3억 달러에 이르는 경우도 있었다.

야전은 그다지 많지 않았던 반면, 방벽에 쌓인 도시나 성을 공격하는 공성전은 빈번했다. 공성전은 노골적인 강탈의 무대였기 때문에 대부분의 경우 잉글랜드 군은 돈만 주면 물러났다. 성이나 도시를 완전히 장악한 뒤에도 현금(최소한 1백만 달러 이상)을 충분히 지급하면 다시 물러났다. 많은 귀족들이 전쟁으로 떼돈을 벌었으며, 약탈한 재산으로 지은 성과 대저택들은 아직도 잉글랜드 전역에 수십 채나 서 있다. 자작농들은 약탈한 재산으로 토지를 늘리고 농토를 개량했으며, 거듭된 승리로 부를 쌓은 자작농들 가운데는 돈을 주고 하위 귀족 신분을 산 사람들도 제법 있었다.

전쟁에 직접 나가지 않은 상인들도 많은 덕을 보았다. 그들은 화살(개당 1달러 이상), 갑옷, 말 등을 프랑스로 출전하는 군대에 팔았고, 귀환하는 퇴역병들에게서 보석, 귀금속, 고급 옷감 등을 사들였다. 상인이나 귀족 중에는 돈놀이로 일확천금을 벌어들인 사람도 있었다. 한마디로 잉글랜드 전체가 강도 노릇을 한 것이나 다름없었다. 에드워드는 해를 거듭해가도 영국 해협을 건널 군사를 모으는 데 별 어려움을 겪지 않았다. 죽기 전까지 에드워드는 오늘날의 차입매수와 다를 바 없는 방식으로 많은 프랑스 땅을 차지했고, 그 비용은 고스란히 프랑스에 물렸다.

앞선 군사력

잉글랜드는 인구는 적었지만, 우수한 병사들을 확보할 수 있는 환경이 갖추어져 있었다. 게다가 잉글랜드에는 다른 나라에서 찾아보기 힘든 큰활 사수들(자작농 출신)이 있었는데, 이들은 보병과 경무장 기병으로도 뛰어난 활약을 보였다. 이런 상황에서 잉글랜드 군이 기동력과 자질면에서 프랑스에 한 수 앞선 것은 당연한 결과였다. 게다가 백년전쟁이 있기 전의 2세기 동안 잉글랜드는 웨일스, 스코틀랜드, 아일랜드와 끊임없이 전쟁을 치렀다. 그 결과 잉글랜드는 비상시 언제든지 전투에 참여할 수 있는 유능한 병사가 많았다.

다른 유럽 지역에서는 귀족들이 군무를 독점하려고 했지만, 잉글랜드에서는 부농 계층이 자발적으로 군사 훈련을 하고, 큰활 사수나 경무장 보병의 역할을 담당했다. 훈련은 조직적으로 실시되었고, 큰활 사수들은 1백 명씩 모아 사수 부대를 이루었다. 13세기 초부터 이렇게 발달하기 시작한 잉글랜드의 군사 제도는 한 세기가 꼬박 지나다시피 한 1290년대는 체계적인 모습을 갖췄다. 잉글랜드에는 기사가 별로 없었지만(1천 명 미만) 잘 훈련된 다수의 평민들이 급료와 약탈에 대한 기대로 왕에게 봉사할 준비를 갖추고 있었다. 잉글랜드 군대는 규율도 엄격하고 조직적인 훈련을 받은 군대였기 때문에 대륙에 넘쳐나던 무질서한 봉건 전사의 무리와는 크게 차이가 났다.

조직의 힘, 두뇌를 키워라

잉글랜드 군에는 뛰어난 지휘관이 많았다. 에드워드와 그의 아들 혹세자가 손꼽히는 중세기의 명장들이었던 반면, 프랑스 군은 빈약한 리더십 때문에 악전고투를 겪어야 했다. 잉글랜드 군은 왕 외에도 다수의 뛰어난 지휘관을 갖추고 전쟁을 시작했는데, 이들 가운데는 남다른 능력으로 지휘관의 자리에 오른 평민들도 많았다.

그런데 전쟁 초기만 해도 무장한 평민들을 얕잡아보던 프랑스 군은 시간이 흐르자 서서히 훌륭한 장수를 배출하기 시작했고, 반면에 잉글랜드 쪽은 점차 비범한 지휘관이 고갈되었다. 프랑스는 또한 중앙 지역 대부분에 막대한 돈을 들여 방어 요새를 지어 잉글랜드 군의 약탈을 막았다(약탈 과정에서 얻어지는 노획품은 우수한 중무장 기병과 자작농을 계속 전쟁에 끌어들이는 유인책이었다). 프랑스 군의 작전에 잉글랜드 군은 갈수록 지쳐 떨어졌다. 말하자면, 나폴레옹이나 독일군이 러시아를 침공했을 때와 같은 사정이 된 것이다. 다른 점은 진행 속도가 상대적으로 느렸다는 것뿐이었다.

고도의 선전 기술로 대중의 열광적 지지를 얻어라

전자 매체도 인쇄물도 없던 시대에 오늘날과 같은 선전 기술을 쓸 수는 없었다. 그래도 에드워드는 재위 기간 내내 놀라울 만큼의 홍보 활동을 펼쳤다. 그가 주요 홍보 수단으로 삼은 것은 포고문이었다. 물론 중세 때야 포고문이 많이 등장했지만 대체로 새로운 법이나 명령을 선포하는 자치로 쓰였다. 포고문이 붙으면 사람들은 시장이나 광장 등의 공공장소에서 이를 읽었다. 에드워드는 바로 이 포고문을 이용하여 프랑스와의 전쟁 진행 상황과 국정 전반의 움직임을 일반 백성에게 알렸다. 포고문의 문장은 평민들이 이해할 수 있도록 가능한 한 쉬운 말로 풀어썼다. 포고문은 잉글랜드 군의 승리와 고난, 프랑스인들의 간악한 말과 행동을 알리는 수단이었다. 포고문을 읽거나 프랑스로 원정 나갔다가 돈을 벌고 돌아온 사람들을 직접 목격한 잉글랜드인들은 전쟁을 열광적으로 지지했다.

물론 잉글랜드 해협을 건넌 자작농들 중 아예 돌아오지 못한 이들도 있었고, 불구가 되거나 심한 부상을 입어 돌아온 사람들도 많았지만, 민중들은 오히려 자신들의 왕이 강력한 적과 맞서서 얼마나 큰 성과를 올렸는가 하는 긍지와 믿음만을 키웠다. 이러니저러니 해도 중세기의 삶은 참담하기 이를 데 없었고 프랑스와의 전쟁은 평민들에게 비참한 삶에서 벗어날 기회를 주었다. 에드워드에 대한 역사의 평가는 대체로 호의적이다. 그러나 전쟁은 결국 잉글랜드의 패배로 끝났으며, 1453년 잉글랜드는 대륙의 소유지들을 모두 잃어버렸다. 하지만 에드워드 재위 기간의 전쟁은 잉글랜드에게 큰 이득을 안겨 주었다.

프랑스와의 전쟁은 에드워드 3세가 죽은 뒤에도 계속되었다. 1397년이 되자 프랑스의 샤를 6세와 잉글랜드의 리처드 2세는 30년 간 휴전한다는 협정을 체결, 지지부진하게 끌어온 국지전을 끝내기로 합의했다. 그러나 잉글랜드 군은 약속과는 달리 프랑스를 떠나지 않았고, 약탈의 무리는 여전히 방방곡곡에서 날뛰었다. 프랑스는 그들이 어서 떠나기를 바랐지만 잉글랜드 군대는 여전히 프랑스 곳곳을 습격했다. 프랑스 또한 소규모의 병력을 파견하여 스코틀랜드와 잉글랜드, 웨일스를 들쑤시는 등 약탈을 감행했다. 그렇게 잉글랜드와 프랑스에는 다시 내전의 싹이 트고 있었다.

1413년에는 에드워드 3세의 증손자인 헨리 5세가 잉글랜드 왕위에 올랐다. 헨리는 프랑스 내전에 개입하여 부르고뉴 파(프랑스 왕실 내부의 반대파)와 손을 잡고 1415년 아쟁쿠르에서 샤를 6세를 무릎 꿇리고는 잉글랜드에 유리하게 협정을 체결한 후, 그의 아들을 프랑스 왕위 계승자로 선포했다. 이에 따라 샤를 6세의 아들인 왕세자는 왕위 계승권을 박탈당했고, 헨리 5세는 샤를 6세의 딸과 결혼했다. 이 결혼으로 태어난 아들(헨리 6세)이 잉글랜드와 프랑스 양국의 왕이 될 터였다. 이때까지는 최종 승리가 잉글랜드에 돌아가는 듯이 보였다.

그러나 왕위 계승권을 박탈당한 왕세자는 끝까지 이 결정에 불복했다. 그러던 중 헨리 5세가 1422년 8월 급작스레 사망했고, 뒤이어 10월 샤를 6세마저 눈을 감았다. 그렇다고 이제 생후 9개월 된 헨리 6세가 두 나라의 왕관을 이어받을 수는 없는 노릇이었다. 헨리 5세의 형제들이 지혜를 모아 무던히 노력했음에도 불구하고 부르고뉴 파는 결국 잉글랜드에 등을 돌렸고, 프랑스에는 잔다르크가 나타났다.

잔다르크의 등장을 계기로 그동안 꾸준히 군사력을 키워온 프랑스는 1453년 마침내 잉글랜드를 대륙에서 완전히 몰아냈다(프랑스 군이 적극 활용한 공격 수단은 대포였다). 그로부터 몇 년 후 잉글랜드는 내전(장미전쟁)에 돌입했고, 프랑스는 국내 문제들을 다스린 뒤 이탈리아 침공에 나설 준비를 갖추어나갔다. 비록 백년전쟁에서는 패했지만 결국 에드워드 3세 덕분에 잉글랜드는 통일을 이루었으며 더 이상 대륙에 마음 쓰지 않고 내정에 전념하게 되었다. 그리고 오늘날에도 활용할 수 있는 빼어난 경영 기술들 또한 그가 남긴 여러 유산 가운데 하나이다.

기회를 놓치지 않고 승리를 얻은 군주
프리드리히 2세

프리드리히 2세(Friedrich II)

[1712~1786] 프로이센의 국왕. 오스트리아의 계승 분쟁에 편승해 슐레지엔 전쟁을 일으켰다. 오스트리아, 러시아와 관계가 나빠지자 영국, 프랑스 사이 식민지 전쟁에서 영국 편을 들면서 7년 전쟁을 시작했다. 7년 전쟁에 승리하면서 프로이센을 강국으로 만들었다. 재위 기간은 1740~1786년이다.

프리드리히는 기회를 알아보는 능력과 활용하는 능력이 뛰어났다. 프리드리히가 왕이 되고 얼마 지나지 않아서 신성로마제국의 황제가 죽었는데, 황제에게는 남자 후계자가 없고 결연한 성품을 지닌 딸 마리아 테레지아만이 있었다. 마리아 테레지아는 스스로 황제를 잇고 싶어 했지만 신성로마제국의 선제후들은 살리 법(아들에게만 황제위 계승을 인정하는 법)을 굳게 지키고자 했다. 이렇게 명확한 후계자가 없다 보니 신성로마제국의 선제후들 사이에는 일대 분란이 벌어졌다. 게다가 유럽의 주요 강국들도 각기 이런저런 일에 매여 있어서 사태는 더욱 혼란스러웠다.

프랑스와 영국은 전쟁 중이었고, 러시아는 여왕을 잃은 지 얼마 되지 않았다. 마리아 테레지아가 지휘하는 오스트리아와 헝가리 군은 투르크 군과 벌인 전투로 피폐해질 대로 피폐해진 상태였다. 게다가 이 전쟁으로 마리아 테레지아의 금고는 바닥이 났다. 오스트리아가 힘을 잃었고 황제도 없는데다 관심을 쏟을 만한 다른 나라들도 정신없는 상황이었다.

프리드리히는 이때가 바로 프로이센의 영토를 확장할 절호의 기회라고 보았다. 브란덴부르크와 국경을 맞대고 있는 오스트리아 땅 슐레지엔이 바로 그 공략 대상이었다. 슐레지엔의 땅, 그리고 그 땅에 사는 1백50만의 근면한 폴란드인과 독일인들은 프로이센이 탐낼만한 참으로 훌륭한 자원이었다.

'기회'를 인식한 프리드리히는 먼저 '계몽 군주'로서의 과제에 맞닥뜨렸다. 계몽 군주는 결코 힘으로 윽박질러 영토를 확장할 수 없었다. 따라서 슐레지엔을 차지하기 위해서는 그럴 듯한 명분이 필요했다. 당시 브란덴부르크인들은 예부터 슐레지엔이 자신들의 땅이라고 주장했지만, 실상 그 근거는 불분명했다. 프리드리히는 바로 여기서 침략의 명분을 찾아냈다. 국가를 수호하고 국가의 이익을 중시하는 것이야말로 계몽 군주의 임무가 아닌가.

프리드리히는 자신이 슐레지엔을 차지하지 않으면 프로이센의 이익과 안전이 위험에 처하게 된다고 주장했다. 사람들이 그의 주장을 납득했건 그렇지 못했건 간에, 결국 기회의 인식과 활용에 뛰어난 프리드리히는 슐레지엔을 차지했다. 프리드리히는 재위 기간 중 어떤 기회도 놓치지 않았고 크든 작든 그것들을 모조리 활용했다.

공을 부하들에게 돌려라

프리드리히 대왕의 군대는 언제나 사기가 높았다. 몇 가지 이유가 있지만 무엇보다 가장 큰 힘은 프리드리히의 타인을 존중하는 리더십이었다.

프리드리히가 살았던 시기에는 정치가와 장군의 역할이 차츰 갈라지기 시작했다. 프랑스의 왕은 군대를 이끌고 전장으로 나가지 않았으며 영국 왕도 마찬가지였다. 하지만 프리드리히는 군사들과 함께 직접 전장에 나섰다. 그리고 그들과 같은 음식을 먹고 같은 조건에서 생활했다. 그는 또한 병사들과 아주 친해서 병사들과 함께 웃고 농담을 나누는 모습이 자주 눈에 띄었다. 프리드리히는 전투가 벌어지면 항상 사병들과 나란히 서서 사기를 북돋웠다.

프리드리히는 진실로 만민이 평등하다고 믿었으며, 자신이 쓴 책들에서 이를 몇 차례나 언급했으며 병사들도 그의 평민관을 익히 알았다. 한편에서는 그가 병사들의 생명을 가벼이 여겼다고 주장하는 사람들도 있었다. 하지만 당시 시대적 배경상 그의 가치는 사람보다 조국이었다. 평민과 왕을 막론하고 국민이라면 모두 조국에 헌신할 의무가 있으며, 필요하다면 목숨까지 바쳐야 한다고 생각했다. 하지만 평민과 귀족은 각기 맡은 역할이 다를지라도 결국에는 모두가 평등하다고 믿었다.

프리드리히는 권위적이거나 고압적이지도 않았다. 다음의 일화가 그의 성격을 잘 설명해 준다.

어느 날 프리드리히가 말을 타고 나갔는데, 한 무리의 사람들이 벽보 앞에 서서 한바탕 웃고 있었다. 가까이 가 보니 벽보에 자신의 모습을 우스꽝스럽게 표현한 그림이 그려져 있었다. 그는 그것을 찢어버리기는커녕, 벽보가 너무 높이 붙어 있다며 부관에게 낮게 옮겨 붙이라고 지시했고, 사람들은 그의 여유 있는 행동에 감탄했다고 한다. 특히나 그를 '인격적 지도자'라고 부르는 이유는 승리의 공을 부하들과 함께 나눌 줄 알았다는 점 때문이다.

프리드리히는 기회가 있을 때마다 공을 부하들에게 돌렸으며, 이 때문에 부하들과 장교들도 마음속 깊이 그를 존경했다.

전문가의 조언에 귀 기울여라

어린 시절 프리드리히는 아버지의 고집 때문에 균형 잡힌 교육을 받을 수 없었다. 그래서 아버지의 통제에서 벗어난 뒤부터 자신의 부족한 부분을 연마하고자 더욱 애를 썼다.

왕위를 물려받기 전에 아버지와 떨어져 살게 되자 새벽 4시부터 정오가 될 때까지 공부했으며, 오후에 정무를 돌보고 난 뒤에는 다시 밤늦도록 책과 씨름했다. 그는 어린 시절 받지 못한 교육을 천천히 보충하기 위해 일평생 꾸준히 공부했다. 프리드리히는 많은 학자와 재사(才士)를 주변에 끌어 모았고, 평생토록 프랑스의 위대한 사상가 볼테르와 친분을 유지했다.

그뿐 아니라 프로이센 주변국과 유럽 각국의 학자들도 수소문해서 궁정 직책을 약속하며 끌어들였다.

지식인으로 명성이 높은 프리드리히 대왕이 금전까지 동원하여 유치 작전을 펼치자, 18세기 유럽의 지성들은 대거 프로이센으로 몰려들었다. 그는 할아버지와 아버지 시대의 최고 장수인 레오폴트 1세 공으로부터 군사 교육을 받았다. 그리고 군사의 대가인 레오폴트 공이 살아 있는 동안 그의 조언에 열심히 귀 기울였다.

이처럼 전장 안에서고 밖에서고 프리드리히는 자신의 역량을 끊임없이 계발했으며 인재들을 항상 곁에 두었다.

우수 인력은 과감히 끌어들여라

프리드리히는 전투에서 이기려면 최고 수준의 장교들이 필요하다는 것을 알고 있었다. 그는 아버지와 할아버지의 유지를 이어받아 프로이센의 귀족들을 장교로 활용했으며, 외국의 우수한 전문 인력을 끌어들이는 데에도 열심이었다. 그는 최고 수준의 장교를 구하기 위해 다른 나라보다 높은 급료를 약속했다. 프로이센 군대의 뛰어난 자질도 이웃 나라의 우수한 장교들을 유혹하는 큰 요인이 되었다. 어렵게 확보한 우수 인력을 지키기 위해 프리드리히는 그들이 공을 이룰 때마다 지체 없이 승진시켜 격려했으며, 때로는 성공을 치하하는 현금을 하사하기도 했다.

여가 활동으로 인간적인 면모를 보여라

프리드리히는 여가의 중요성을 아는 지도자였다. 지도자가 늘 일만 한다면 스스로도 힘이 고갈될 뿐 아니라 사람들에게도 좋은 느낌을 줄 수 없음을 알았다. 프리드리히는 플루트 연주와 작곡, 시 창작으로 여가를 보냈으며, 저녁이면 장교들을 취미 활동에 함께 참여시키기도 했다. 이는 장교들에게 프리드리히의 인간적인 면모를 더욱 보여 주었을 것이다. 왕이 부하들 앞에 서서 스스로 작곡한 음악을 연주한다면, 부담스러울 수도 있겠지만 감동적인 일임에는 분명하다.

또한 개인적으로도 취미 생활 덕택에 쉽게 긴장을 풀 수 있었다. 전투를 앞둔 밤이면 그는 시를 읽으며 생각을 정리했는데, 프리드리히가 언제나 명료하고 침착한 정신을 지녔다고 알려진 것으로 보아 그의 취미 활동은 분명 효과가 있었던 것 같다. 뿐만 아니라 그는 책도 썼고, 토론이나 논쟁에도 즐겨 참여했다. 그래서 때로는 자신이 궁정으로 불러들인 예술가나 과학자들과 기탄없는 토론을 벌이기도 했다.

실수를 통해 배워라

군사 활동 초기부터 프리드리히는 전투의 결과를 면밀히 분석하여 군사력과 전투 기술을 향상시킬 방법을 찾았다. 슐레지엔을 침공했을 때 오스트리아와 첫 전투를 벌이고 난 뒤, 그가 작성한 전술 보고서는 가혹할 만큼 솔직해서 놀라움을 안겨준다. 그는 일생 동안 전투 결과를 꼼꼼히 기록하고 부족한 점을 찾아 보완했다.

1743년의 전투를 분석한 결과 프리드리히는 기병대가 제때 명령을 하달받지 못해서 유리한 상황을 놓치고 말았다는 사실을 발견했다. 그 뒤로 프리드리히는 기병대에게 위급할 때는 명령 없이도 공격할 수 있는 권한을 주었다. 또한 먼저 공격을 당하는 부대는 지휘관들의 해임을 각오하라고 호통치기도 했다.

끊임없는 기술 연마만이 막강한 조직을 만든다

프로이센 군대는 1세기에 걸쳐서 혹독한 훈련을 받아 왔다. 그들은 전투가 없을 때에도 맹렬히 기초 훈련과 작전 연습을 수행했다. 수적 열세를 극복하고 승리를 얻으려면 프로이센 군은 적들보다 빠른 속도로, 모든 작전을 완벽하게 수행해야 했다. 속도를 내는 방법 가운데 하나는 행군을 빨리하는 것이었다. 프로이센 군대는 행군술이 대단히 뛰어났고, 프리드리히는 이를 충분히 활용했다.

프리드리히 군대의 훈련은 결코 만만하지 않았다. 심한 경우

기병대원들이 훈련을 받다가 불구가 되거나 목숨을 잃기도 했다. 때때로 그는 강도 높은 훈련에 회의를 느꼈다. 마침내 그가 기병대 장교들 앞에서 이 문제를 언급하자 장교들은 이렇게 대답했다.

"몇 사람의 목이 부러진 일로 그렇게 노심초사하신다면 전하께서는 전장에 나설 용맹한 기마병들을 결코 얻지 못하실 것입니다."

결국 강도 높은 훈련은 계속되었으며 프리드리히는 장교들에게 작전 수행법뿐 아니라 전쟁의 이론도 가르쳤다. 슐레지엔 전쟁이 끝난 뒤 프리드리히는 보병과 기병 작전에 대한 몇 권의 지침서를 썼는데, 이 책들은 프리드리히 대왕의 군사적 통찰을 담고 있다고 해서 국가 기밀로 여겨졌다.

그는 '전쟁의 일반 원리'라는 논문을 쓰는 한편, 국가 경영에 대한 글을 발표하여 고위 지휘관들의 훈련 지침서로 활용하기도 했다.

아웃소싱을 효율적으로 운영하라

프리드리히는 적정 규모의 상비군을 확보하기 위해 아버지와 마찬가지로 용병의 힘을 빌렸다. 만약 그가 프로이센 사람들만으로 군대를 구성하려 했다면 국가 경제는 얼마 지나지 않아 파탄났을 것이다. 그는 단지 인접국들에게 수적으로 밀리지 않기 위해 사람들을 모은 것이 아니었다. 7년전쟁 초기, 프로이센 군대는 3분의 1이 외국인이었다. 그리고 전쟁이 끝날 때까지도 이 비율은 거의 일정하게 유지되었다. 프리드리히는 되도록 용병을 많이 써서 자국 병사들을 조금이라도 전쟁에 덜 내보내려 했지만, 전 유럽에 걸쳐 신병 모집관을 파견하는 등의 온갖 노력에도 불구하고 원하는 만큼의 용병을 구하지는 못했다. 각국이 다투어 사병 계급의 군인을 구하는데다, 상비군을 두려고 해서 군인이 될 사람 자체가 부족했다.

프리드리히는 이를 극복하기 위해서 다른 나라보다 많은 급료를 지불했고, 때로는 포로들을 군대에 넣기도 했다.

전술을 혁신하라

전쟁을 치르는 동안 프리드리히를 가장 괴롭힌 문제는 자국 군대가 거의 매번 수적 열세 속에서 싸워야 한다는 점이었다. 혹독한 훈련과 우수한 장교 인력은 이런 약점을 상쇄하는 데 얼마간 도움이 되었다.

그러나 무엇보다 프리드리히에게 승리를 안겨준 핵심 요인은 바로 그가 구사한 혁신적인 전술이었다. 프리드리히는 구스타프처럼 혁신에 혁신을 거듭하는 인물은 아니었지만, 그가 이룬 변화들은 매우 의미가 깊었다.

프리드리히는 우선 머스킷 총의 탄환 장전 속도가 빨라진 것에 착안하여 더 적은 수의 병사로도 전투 대열을 구성할 수 있음을 깨달았다. 16~17세기에는 탄환 장전 시간이 길어서 전투 대열이 앞뒤로 5~6줄에 이르렀다. 하지만 프리드리히 시대에는 전투 대열이 세 줄로 줄어들었고, 덕분에 같은 수의 병사로도 전체 대열의 길이를 더 길게 할 수 있었다.

당시에는 대열의 길이가 긴 쪽이 적을 포위하여 전투를 이길 가능성이 많았다. 따라서 수적 열세는 포위당할 위험을 뜻했다. 프리드리히는 훈련 정도와 사격 속도가 앞서는 자국 머스킷 병사들의 전투 대열 수를 더욱 줄여서 옆으로 길게 배치했고, 이를 통해 규모가 큰 군대들을 효과적으로 상대할 수 있었다.

또한 프리드리히는 우수한 군대를 활용해서 파괴력 높은 새 전술을 개발했으니, 바로 사선斜線 대형이었다.

작전이 시작되면 병사들의 일부는 적군 앞에 남아 있고 나머지 병사들은 세로로 줄을 이뤄 행군하되, 열과 열이 나란하지 않게 한다. 즉, 뒷열이 앞열보다 뒤처지는 형태를 이루어 적군에게 비스듬한 각도로 다가간다. 이들 대열이 각각 적 대열의 측면에 도달하면, 나중에 도착한 열들이 앞열의 뒤를 이어 적군 대열을 뚫고 들어간다. 그리고 기병대와 포병대도 힘껏 이 공격을 지원한다. 사선 대형 작전의 의도는 우회해서 적의 측면과 후방을 공격하는 것이다.

호엔프리트베르크 전투(1745년)에서 결정적 승리를 거둔 프리드리히 2세

히 뛰어나야 했는데, 프리드리히의 군대는 평소의 강도 높은 훈련에 힘입어 새로운 전술을 잘 수행해냈고, 프리드리히는 계속해서 승전보를 올릴 수 있었다.

프리드리히는 포병 전술도 새롭게 바꾸었다. 프리드리히는 상당수의 기병들과 보병들이 대포의 도움을 받지 못한다는 것을 깨달았다. 당시 전장에서는 커다란 말들이 대포를 끌고 다녔는데, 그 속도가 매우 느렸다. 프리드리히는 가벼운 대포를 활용하는 기마 경포병대를 구성하여 이동 속도를 향상시켰다. 그때까지도 대포는 말이 끌었지만, 탄약을 넣고 포환을 발사하는 포병대원들은 걸어 다녔다. 프리드리히는 이들 포병대원을 모두 말에 태웠고, 이렇게 해서 포병대는 기병대와 함께 움직이며 더 빨리 보병대를 지원할 수 있다.

내일 웃기 위해 오늘 인내하라

프리드리히는 7년전쟁 동안 이긴 전투만큼이나 진 전투도 많았다. 어지간한 지도자라면 포기했겠지만 그는 패배 뒤에도 군대를 재정비하고 다시 적과 맞서기를 계속했다. 마침내 끈기있게 기다린 보람이 있어, 1762년 러시아의 차르가 죽자 프로이센에 대항하던 동맹 세력이 허물어지고 말았다. 새로 차르가 된 표트르 3세는 프리드리히의 예찬자였기 때문에 얼른 프로이센과 군사 동맹을 맺었고, 그 이후 프리드리히에게 치명적인 위험이란 없었다.

프리드리히가 남긴 유산은 오랫동안 독일에 영향을 미쳤다. 독일인들은 프리드리히가 남긴 교훈과 군사 전통을 활용하여 19세기 말에 독일을 경제적, 군사적 강국으로 키워냈다. 프리드리히의 마지막 교훈은 그가 죽은 지 20년이 지나서야 전달되었다. 1806년 프랑스 군이 예나에서 프로이센 군을 대파한 것이다. 이것은 실로 경악할 만한 사건이었다.

프리드리히 대왕의 막강 군대에 도대체 무슨 일이 생겼단 말인가? 답은 간단했다. 프리드리히 대왕과 그의 탁월한 리더십이 없을 때 프리드리히의 막강 군대란 있을 수 없었다. 프리드리히 사후 20년 만에 그 뒤를 이은 사람들이 그가 생전에 이뤄놓은 것을 모두 잃어버렸다.

프리드리히의 많은 습관은 기행이나 사소한 것으로 치부되어 잊혀졌으며, 남겨진 것은 엄격한 규율과 줄을 똑바로 유지하며 움직이는 뛰어난 행군 기술뿐이었다.

프랑스인들이 나폴레옹을 비롯한 유능한 장수들의 지도 아래서 프리드리히의 사고 방식을 본받은 반면, 프로이센인들은 프리드리히의 몇 가지 행동 방식만 그대로 답습했다. 이것은 엄청난 차이를 만들었고 결국엔 프랑스 쪽이 강성해졌다. 예나에서 격파당한 프로이센은 프리드리히의 가르침을 다시 되새기며 7년 뒤인 1815년, 다시 힘을 되찾아 워털루에서 벌어진 최후의 전투에서 프랑스를 물리쳤다.

워털루 전투를 겪고 난 뒤 프로이센 군은 프리드리히가 남긴 교훈을 다시 흡수했고, 그리하여 독일 군은 20세기에 들어선 뒤로도 오랫동안 지상 최강의 전력을 자랑했다. 그러나 20세기의 독일 군은 프리드리히의 빛나는 전략적 사고는 물려받지 못했던 탓에, 수많은 전투에선 승리했지만 전쟁에서는 언제나 패배했다. 요컨대 프리드리히의 유산을 절반밖에는 물려받지 못한 셈이다.

Chapter
3

마음을 얻고
마음을
훔쳐라

소통의 기술로 조직을 이끈 낙관주의자
율리시스 그랜트

율리시스 그랜트(Ulysses Simpson Grant)

[1822~1885] 미국의 제18대 대통령. 남북전쟁 때 북군(北軍)의 총사령관이 되어 탁월한 군사적 재능을 발휘해 남군(南軍)을 격파하고 전쟁을 종결지었다. 20세기 최초의 장군으로 불리기도 한 그랜트는 1868년에 공화당 후보로 출마하여 대통령에 당선되었다.

그랜트가 지닌 빼어난 자질 가운데 하나는 바로 명료한 문서를 이용한 소통 기술이었다. 이것은 남북전쟁에서 뛰어난 힘을 발휘했다. 남북전쟁의 규모와 범위는 이전의 어떤 전쟁과도 달랐다. 과거의 명장들은 대부분의 경우 직접 사람을 맞댄 상태에서 전략 명령을 내렸다. 원거리에 명령을 전달하는 일은 흔치 않았다.

그러나 18세기 말~19세기 초엽, 전투의 규모가 점점 커지자 지휘관들은 명령을 문서로 작성하여 부하들에게 전달해야 할 필요성을 느꼈다. 남북전쟁 당시 서너 시간 거리에 있는 부하들에게 명령을 전달하는 일은 흔했으며, 때에 따라서는 사나흘 거리가 되기도 했다. 이런 상황에서 지휘관들은 명령 문서를 내릴 때 오해가 발생하지 않도록 시간과 공간의 문제를 세심히 고려하고 부하들의 특성도 파악해야 했다. 예를 들어 부하들 가운데는 명령을 곧이곧대로 받아들여 약간의 일탈도 허용하지 않는 이들이 있는가 하면, 명령을 상황과 연결하여 탄력적으로 활용하는 이들도 있게 마련이다. 이런 부하들은 미처 예상하지 못한 기회가 발생했을 때 상황에 유연하게 대처한다.

남북전쟁 당시의 장군들 가운데 상당수는 간결하면서도 효과적인 명령서를 작성하지 못해 어려움을 겪었다. 남북전쟁이 끝난 뒤에는 전투 명령서 작성 방법이 직업 군인들의 집중 훈련 과제가 될 정도였다. 그러나 남북전쟁 당시에는 천부적 재능을 갖춘 지휘관이 아니라면, 값비싼 대가를 치르며 일일이 구체적인 방법을 터득할 수밖에 없었다.

그랜트는 대부분의 명령을 직접 내렸다. 그는 의도를 항상 명료하게 전달했으며, 부하들에게 가장 중요한 사항들만을 설명하고 나머지는 그들에게 맡겼다. 그러면서도 최종 목표를 분명히 하는 일은 결코 잊지 않았다.

다른 장군들은 명령서를 작성할 때 부하들의 재량에 지나치게 기대는 경우가 많았다. 아니면 막연한 수식을 너무 많이 썼다. 반면에 그랜트의 명령서는 항상 정확하고 핵심 내용이 분명했다. 그는 미사여구로 사실을 혼동시키지 않았다. 다음은 빅스버그 전후 당시 1863년 5월 16일 챔피언스 힐 전투를 앞두고 그랜트가 셔먼에게 보낸 명령서이다.

장군의 사단 가운데 한 개 사단을 즉시 출발시키되 탄약차도 함께 보내십시오. 목적지는 볼튼 너머에 있는 우리 부대의 후미, 최대한 빨리 이동시키십시오. 이 작전은 빨리 수행해야 합니다. 어제 저녁 7시에 적군 병력 전체가 에드워즈 네포트에 이르렀고, 지금도 전진하고 있습니다. 언제 전투가 벌어질지 모릅니다. 우리는 모든 병력을 전투에 합류시켜야 합니다.

미드 장군은 그랜트의 명령서를 두고 이렇게 말했다고 한다.

"그의 명령서에는 뚜렷한 특징이 있다. 아무리 급박한 상황에서 썼다 할지라도 오해를 일으킬 만한 부분이 전혀 없다는 것, 또 두 번 읽어볼 필요도 없다는 것이다."

포기를 모르는 낙관주의

그랜트는 대단히 낙관적인 사람이었다. 전쟁이 끝날 때까지 그는 한시도 낙관적인 태도를 버린 적이 없었다. 여러 차례 패배를 목전에 두었지만, 긍정적으로 생각하고 어떤 순간이든 포기하지 않았다. 1862년 4월 초에 벌어진 전투에서 그의 낙관적 성격이 아주 잘 드러났다. 그랜트와 그의 군대는 2월에 헨리 요새와 도넬슨 요새에서 연이어 승리를 거두고 한창 들떠 있었다. 얼마 후 그는 주력 부대를 이끌고 테네시 강 서안西岸이자 실로라는 이름의 작은 교회 북쪽에 위치한 지역으로 이동했다. 그랜트가 이동한 이유는 이 지역이 미시시피 주의 코린스와 연결되는 교통의 요지였기 때문이다. 코린스는 바로 남군의 집결지였다. 그러나 그랜트는 남군 역시 이 교통망을 사용할 수 있다는 것을 간과했다. 그래서 별다른 방어 태세를 갖추고 있지 않다가 4월 6일 아침에 갑작스런 남군의 공격을 받았다. 날이 저물 무렵 북군 진지는 초토화되었고 그랜트 군대는 완패를 목전에 두고 있었다.

그날 저녁 J.B. 맥퍼슨 중령이 그랜트에게 퇴각해야 하지 않겠느냐 고 말했다. 그랜트는 중령의 말을 일축하며 이렇게 말했다.

"무슨 소리, 내일 아침에 공격을 개시해서 놈들을 혼내줄 걸세."

잠시 후 셔먼 장군이 그랜트가 나무 아래에 서서 시가를 피워 물고 있는 모습을 보자 이렇게 말했다.

"그랜트 장군, 오늘 우리 참 호되게 당했지요?"

"그래요. 하지만 내일은 녀석들이 혼날 차례요."

결과는 그랜트의 말대로 되었다. 낙관주의는 그랜트가 당대의 다른 장군들과 뚜렷이 차별화되는 점이었다. 다른 장군들이 패배를 느낄 때 그랜트는 승리를 예감했고 다른 장군들이 문제를 느낄 때 그는 해결책을 생각했다. 그는 참으로 타고난 낙관적인 지도자였다.

무엇을 할 것인가를 먼저 생각하라

에이브러햄 링컨은 문제에 집착하기보다 해결책을 찾는 그랜트의 태도를 이렇게 기술했다.

나 없이도 움직일 수 있는 이를 알게 되어 기쁘다. 다른 이들은 전투를 해보기도 전에 내가 조달해줄 수 없는 것들을 찾아내서 그것이 없기 때문에 승리를 기대하기 어렵다고 말하곤 했다. 특히 그들은 기병대가 많이 부족하다고 호소했다.

그래서 그랜트가 지휘봉을 잡자, 나는 그가 어떤 이유를 들어 불가능을 호소할지 기다려 보았다. 역시 기병대일 것이라고 생각했다. 우리 측은 말의 수가 턱없이 부족해서 기병대를 제대로 활용할 수 없었기 때문이다. 하퍼스 페리 근처에 1만 5천 명 정도의 기병이 있었지만 그들을 태울 말이 없었다.

그러던 어느 날, 과연 그는 예상했던 대로 내게 전갈을 보내 기병대에 대해 물었다. 그러나 그가 정작 관심 있어 한 것은 그들을 보병대로 바꾸거나 해산하는 게 어떻겠느냐 하는 문제였다. 그는 불가능한 것을 요구하지 않았으며, 내가 만난 장군 가운데 그런 이는 그랜트가 처음이었다.

그랜트의 문제 접근 방법을 잘 보여 주는 또 하나의 사례는 1864년 윌더니스 전투에서 찾을 수 있다. 이때도 전쟁 상황은 북군에게 절망적으로 전개되고 있었다. 이때 그랜트의 상대는 그 유명한 로버트 E. 리Robert E.Lee 장군이었다. 당시 리 장군은 남·북군 모두에게 신화적인 존재로 알려져 있었다. 그랜트 휘하의 장군 한 명이 겁에 질려서 말했다.

"장군님, 지금 상황은 최악입니다. 저는 경험상 리 장군이 어떤 수를 쓸지 익히 짐작이 갑니다. 그는 전군을 투입하여 아군과 래피던 강 사이를 가로막아 아군의 연락망을 차단할 것입니다."

그러자 그랜트는 늘 입에 물려 있는 시가를 빼들고 자신이 부하들에게 바라는 태도가 어떤 것인지 일러 주었다.

"도대체 리가 어떻게 할지를 두고 무슨 말들이 이렇게 많은 거요. 그 친구가 갑자기 공중회전이라도 해서 우리 진영 뒤편과 좌우익에 한꺼번에 내려오리라고 생각하는 사람들도 있는 것 같소. 귀관의 자리로 돌아가시오. 가서 리가 뭘 어떻게 할까 하는 생각은 그만두고 우리가 무엇을 해야 할지부터 생각하시오."

나폴레옹 식이 아니라 그랜트 식으로

그가 스스로도 인정하듯이 그랜트는 군사적 지식이 많은 사람은 아니었다. 그러나 오히려 이것이 장점이 되었다. 그랜트는 과거 시대의 전쟁에서 나온 교훈이나 원칙에 입각해서 전투를 치르지 않았다. 그는 회상록에 '전쟁은 진보한다'고 쓴 적이 있다. 과학기술과 사회가 변화함에 따라 전쟁도 변화한다는 사실을 알았던 것이다. 이 때문에 그는 나폴레옹을 비롯한 옛 명장들의 방식을 답습하지 않고 혁신적 전술들을 개발할 수 있었다.

이에 반해 남북전쟁을 치른 대다수의 장군들은 과거의 방식으로 작전을 수행했다. 그들의 고민은 나폴레옹이라면 어떻게 했을까 하는 것이었다. 하지만 그랜트는 언제나 그랜트 식으로 일을 처리했다.

그가 이룬 초기의 혁신 가운데 하나는 해군에 수송과 지원 업무를 맡기는 것이었다. 최초의 전투였던 벨몬트 전에서 그랜트는 해군 기선으로 군대를 이동시켜 육로 행군의 경우보다 시간을 대폭 절감했다. 게다가 그랜트는 증기 기관을 장착한 포함 타일러호와 렉싱턴 호로 남군 포대를 포격하여 적진을 교란시켰다. 벨몬트 전투는 패배로 끝났지만 해군력을 활용한 것은 성공적이었다. 증기 기선이 등장하기 전이라면 그랜트의 작전은 애초에 불가능했을 것이다.

그랜트는 1862년 2월 6일 헨리 요새 전투에서 다시 해군을 활용했다. 벨몬트에서 해군 작전을 성공시킨 경험을 통해 그랜트는 헨리 요새를 격파하는 임무는 전적으로 해군 포격에 맡기고, 육군은 달아나는 적병의 퇴로를 차단하는 작전을 구사했다. 육군 장교의 작전으로는 매우 독특한 방식이었다. 이 작전은 성공의 문턱에까지 이르렀으나 아쉽게도 실패했다. 만약 그랜트의 군대가 필요 이상 요새 안으로 밀고 들어가지만 않았더라도 헨리 요새를 버리고 퇴각하는 남군 병사들의 길을 차단할 수 있었을 것이다. 어쨌든 그랜트는 전쟁이 끝날 때까지 가능한 한 해군을 적극 활용했다.

그랜트가 이룬 또 한 가지의 혁신은 기습 전략이었다. 그는 기습 전략을 윌리엄 T. 셔먼William T.Sherman 장군과 합작하여 만들었다. 전쟁 기간 내내 작전 논의를 거듭한 두 장군은 남군이 완전히 무릎 꿇게 하려면 남부 동맹의 심장부를 공격해야 한다는 결론을 내렸다. 남부 동맹의 병참 기지와 수송망 그리고 주민들을 공격하여 남부의 전쟁 수행 능력 자체를 파괴하기로 한 것이다. 이것은 전통적인 전쟁 방식에서 벗어난 작전이었다. 그때까지 군대는 적의 군대와 맞서 싸웠으며 전투의 목표는 적장을 찾아내 죽이는 것이었다. 그러나 그랜트와 셔먼은 남군의 후방 기지를 파괴하여, 전쟁의 수단과 의지 자체를 빼앗아버리기로 결정했다.

그리하여 1864년 11월 셔먼은 조지아 주로 진군해 들어갔고, 이것은 두 사람이 합작한 기습 작전의 정점이었다. 사실 보급로가 없는 곳으로 자진해 들어간다는 것은 당시의 전쟁 원칙을 무시하는 위험한 일이었다. 그러나 그랜트와 셔먼은 빅스버그 전투를 치르면서 남부의 풍부한 식량을 북군이 징발하여 먹을 수도 있음을 깨달았다. 그랜트와 셔먼의 적극적인 혁신과 틀을 벗어난 사고 덕분에 남북전쟁은 지지부진하게 늘어지지 않았고, 북부는 남부의 무조건 항복을 이끌어낼 수 있었다.

담대한 용기

남북전쟁이 발발한 직후, 누가 북군을 이끌게 될 것인가를 두고 리처드 이월Richard Ewell은 다음과 같은 말을 남겼다. 그 후 이월은 곧바로 남군의 핵심 장군 대열에 합류했고 전쟁 중에 한쪽 다리를 잃었다.

> 웨스트포인트 출신 장교이며 미주리 주 사람이고 지금은 그다 지 이름이 나 있지 않은데, 나는 북부 사람들이 그를 발견하지 못하기를 바랄 뿐이다. 그는 바로 그랜트이다. 나는 그를 사관 학교 시절부터 알았고 멕시코 전쟁에도 함께 참전했다. 나는 이제껏 전해들은 어떤 북군 장교보다도 그가 두렵다. 그는 천 재라 할 만한 사람은 아니지만 사고가 명료하고, 빠르고, 담대 하다.

이월은 그랜트와 당대의 다른 장군들을 구별하는 자질들 가운 데 특히 담대함을 꼽았다. 당시 북군 측의 고위 장교들은 전투에 나서기 위해 병사들에게 준비에 준비를 거듭시키면서도 패전의 가능성이 높아지는 상황이 되면 극단적인 두려움을 보였다. 이 때문에 링컨 대통령은 무수한 밤을 뜬눈으로 지새워야 했다. 그 러나 그랜트는 그들과 같은 부류가 아니었다. 이길 수 있는 기회 가 오면, 그는 바로 움켜잡았고 모험을 두려워하지 않았다.

그랜트는 특히 빅스버그 전투 때 자신의 담대한 용기를 한껏 과시했다. 미시시피 주의 빅스버그 시는 미시시피 강의 한 만곡 부를 끼고 있어서, 빅스버그를 차지하면 강의 수로를 온통 장악할 수 있었다. 북군은 이미 연이은 승리로 빅스버그 시만 탈취하면 미시시피 강 전체를 장악하고 남군을 텍사스로부터 차단시킬 수 있는 상태였다. 빅스버그 주변 지역은 강줄기와 늪이 어지럽게 얽힌 습지였다. 빅스버그 시로 들어가려면 동쪽이나 남쪽으로 진입하는 방법이 가장 좋았다. 강에 배를 띄워 군대를 수송할 수는 없었다. 그랬다간 당장 적의 목표물이 될 것이다. 그랜트는 테네시 주의 멤피스 시 쪽으로 물러나서 다른 방법으로 빅스버그 진입을 시도해 볼 수도 있었다. 하지만 그 경우 뜻하지 않은 정치적 파장이 일어 북군의 사기가 저하되고 많은 문제가 잇따를 위험이 있었다.

그랜트는 몇 달 동안 군대를 주둔시켜 놓고 강의 서쪽과 빅스버그 북쪽 지역에서 공격을 시도했다. 그리고 강의 만곡부에 운하를 파서 군대를 빅스버그 아래쪽으로 내려 보내려고도 했다. 하지만 모든 계획은 실패로 끝났다. 결국 그랜트는 군대를 강 서안의 아래쪽으로 이동시키기로 결정했다. 그리고 해군이 빈 수송선을 이끌고 재빨리 빅스버그 포대 앞을 지나 그곳에 함께 모이게 했다. 해군과 육군이 빅스버그 시 아래쪽에 모이면, 지상군이 모두 수송선에 옮겨 타고 미시시피 강을 건넌 뒤, 빅스버그를 서쪽으로 공격한다는 것이 그랜트의 계획이었다.

그러나 이렇게 하면 그랜트 군대 측의 보급로와 연락망이 차단될 우려가 있었다. 이것은 아주 담대하고도 위험한 작전이었으며, 만약 실패한다면 전멸을 각오해야 할 상황이었다. 그러나 다른 대안이 없었기 때문에 그랜트는 주사위를 던져 보기로 마음먹었다. 결국 그랜트의 대담한 작전에 남군은 혼비백산했고 북군은 빅스버그를 손에 넣었다.

혼란에 휩쓸려도 동요치 않는다

그랜트는 엄청난 압박과 혼란이 몰아치는 상황에서도 평상시처럼 행동할 수 있는 능력을 겸비했다. 사방이 혼란스러울 때에도 그랜트는 아무 일 없다는 듯 당당히 업무를 수행했다. 혼란 가운데서 평상심을 유지하는 그랜트의 능력은 1864년 그가 북군의 총사령관이 된 직후에 벌어진 윌더니스 전투 때 더욱 두드러졌다.

전투 열기가 고조되자 그랜트는 전장에 나가 전황을 살펴본 후, 나무 그루터기에 앉아 어떤 장군에게 보낼 긴급 문서를 작성했다. 그의 머리 위에서 대포 탄환이 터진 것은 바로 그때였다. 그랜트는 손을 멈추고 고개를 들어 그 광경을 바라보았다. 그리고 잠시 후 다시 문서를 계속 작성하기 시작했다. 옆에서 지켜본 어느 병사는 자신의 사령관에게 이렇게 보고했다.

"그랜트 장군님은 놀라는 법을 모르는 분입니다."

어지간한 사람이라면 난리가 났을 상황인데도 그랜트는 흔들

림 없이 평정을 유지했다. 그는 상황에 좌우되지 않고 상황을 좌우할 수 있는 사람이었다.

뒤로 물러서지 않는다

그랜트는 한번 목표를 세우면 한눈을 파는 법이 없었다. 그는 쉬지 않고 그 목표를 향해 나아갈 뿐 결코 물러서지 않았다. 말을 타고 길을 떠났을 때의 일화들이 그의 성격을 잘 말해준다. 길을 잘못 들어섰다는 것을 깨달았을 때, 그랜트는 새로운 길을 찾아 담장을 넘고 시내를 건넜다고 한다. 그는 오던 길을 되밟아 가는 일이 없었고, 중도에 포기하는 일도 없었다.

앞서 살펴본 빅스버그 전투도 특유의 집중력과 인내심을 보여주는 좋은 예이다. 그랜트가 동부 지역의 사령관이 되었을 때에도 그의 집중력은 여실히 드러났다.

동부의 주력군이던 포토맥 군은 리 장군을 공격하고 또 공격했다. 아무리 애를 써도 상황은 늘 제자리를 맴돌았지만 그랜트는 포기하지도 물러서지도 않았다. 그의 목표는 오직 리의 군대를 격파하는 것뿐이었다. 전투가 끝나면 그랜트는 계획을 조정하여 다시 공격을 감행했다. 마침내 그는 애퍼매틱스에서 승리를 거머쥐었고, 리 장군이 무조건 항복하도록 몰아넣었다.

전쟁이 벌어지는 동안 그랜트는 믿을 만한 인품과 능력을 지닌 사람들을 모아 참모진을 구성했다. 특히 일리노이 주 출신이 많았는데 그중 한 사람인 변호사 존 A. 롤린스John A.Rawlins 는 그랜트의 든든한 바람막이이자 훌륭한 조언자였다. 그를 불손하다고 여긴 사람도 꽤 많았는데, 이는 술버릇을 비롯한 그랜트의 이런 저런 문제를 롤린스가 자주 막아 주었기 때문이다. 롤린스는 언제나 그랜트의 이익을 가장 중요하게 생각했고, 수많은 정치적 위험에서 그를 보호했다. 또한 그랜트의 행정적 부담을 크게 덜어 준 존재였다.

또한 그랜트의 신임을 받은 조언자로 윌리엄 T. 셔먼을 빼놓을 수 없다. 셔먼은 그랜트와 자신의 관계에 대해 이렇게 말했다.

"내가 흥분하면 그가 내 곁에 있었고, 그가 술에 취하면 내가 그의 곁에 있었다. 그리고 지금 우리는 언제나 함께 있다."

셔먼은 잠시 정신 장애를 겪은 적이 있다. 그 후 셔먼이 다시 지휘관의 자리에 복귀했을 때, 그를 변함없이 믿어 주고 재기할 기회를 준 사람이 바로 그랜트였다.

셔먼은 그랜트와 정반대의 성향이었다. 그랜트가 차분하고 조용한 성격인 데 반해, 셔먼은 사람들과 어울리기를 좋아하고 매사에 에너지가 넘쳤다. 그랜트가 상식인이라면 셔먼은 지식인이었다. 그랜트가 감정을 잘 드러내지 않는 데 비해, 셔먼은 직선적이었다. 그러나 두 사람은 서로에 대한 신뢰가 남달랐다. 때로 셔먼은 그랜트의 계획에 격렬하게 반대하기도 했는데, 빅스버그 전투 때가 바로 그런 경우였다. 셔먼은 스스로 보급로를 끊어버리는 것은 미친 짓이라며 그랜트를 말렸지만, 이후 애틀랜타 전투때는 그랜트와 똑같은 작전을 구사했다.

서로 다른 의견을 제시했을지라도 일단 결정이 내려지면 셔먼은 항상 그랜트를 지지하고 도왔다. 그랜트 역시 셔먼에 대한 신뢰로 여러 차례에 걸쳐 그에게 독자적인 작전 수행권을 주었고, 셔먼은 이러한 신뢰에 승리로 보답했다. 정반대 성향을 지닌 두 사람이 하나의 막강한 팀을 이룬 것이다.

겸손하지만 우유부단하지 않는다

역사 속의 4성 장군 가운데 그랜트만큼 겸손했던 사람은 찾아보기 어렵다. 우선 그는 단 한 번도 특별한 대우를 요구하지 않았다. 이 때문에 일반 사병들과 부하들은 그에게 더 큰 친밀감을 느꼈다. 겸손한 성격 탓에 상급자들과도 수월하게 어울릴 수 있었다. 겸손은 때로 야심이 부족하다고 보이기 쉽지만 그랜트의 경우는 달랐다. 그 또한 야심을 지녔지만 섣불리 겉으로 드러내지 않았다.

그랜트의 겸손은 우유부단하다거나 다른 사람의 의견을 무조건 용납했다는 뜻이 아니다. 그는 모든 생각과 의견을 경청했지만 결정은 언제나 그의 몫이었다. 이렇듯 권력과 겸손이 합쳐진 그랜트의 태도는 다른 사람들의 충성심을 자극했으며 병사들은 오만한 구석이 없는 그랜트의 소탈한 성격에 감동하여 주저 없이 그를 따라 전장에 나섰다.

지금까지 일리노이 주 걸리나 출신의 어느 평범한 사나이의 특성 중 극히 일부분만을 설명했다. 그랜트는 연구하면 할수록 그 깊이를 알 수 없는 사람이다. 그랜트가 군대 바깥의 사회에서 롤린스나 셔먼 같은 파트너를 얻어 자신을 통제할 수 있었다면, 또는 남부 격파와 같이 온 마음을 바칠 만한 목표를 찾았다면, 그는 사업가나 정치인으로도 군에서와 다름없는 성공을 거두었을 것이다. 그랜트와 비슷한 부류의 지도자가 최고의 능력을 발휘하는 시기는 격심한 위기 상황, 즉 전쟁 상황이다. 위대한 군 지휘관들 중 많은 사람이 평화 시기에는 마음을 잡지 못하고 지지부진한 모습을 보였다.

과거의 지도자들은 대개 왕이었기 때문에 전쟁을 계속 벌이기만 하면 되었다. 그러나 19세기 이후로는 사정이 달라졌다. 국가 지휘와 군 지휘는 각기 다른 사람들이 맡아서 하는 개별적인 일이 되었고, 덕분에 장군들은 평화 시기가 되면 묵묵히 군에 남아 지루함을 견디든가 아니면 민간 분야에 뛰어들어 숱한 난관을 이

겨내야 했다. 율리시스 그랜트는 미국 대통령의 자리까지 올랐지만 전쟁 때의 다른 위기 상황을 맞았던 적도 있었다. 즉 그랜트에게 있어 평생을 통틀어 남북전쟁 때만큼 벅찬 과제와 뚜렷한 목표에 매진한 시기는 없었다.

전쟁에 매스컴을 이용한 군중심리의 장군

맥아더

맥아더(Douglas MacArthur)

[1880~1964] 미국의 군인. 두 차례 세계대전에서 눈부신 활약을 펼치고 풍부한 경영 지식으로 매스컴을 활용하여 대중의 이목을 끌면서 찬사와 비난을 동시에 받았다. 일본 주재 연합군 최고 사령관을 지냈으며, 1950년 6·25 전쟁 때 만주 지구 공격 등 강경책을 주장하여 1951년 해임되었다.

맥아더는 전장에 처음 나섰던 1914년부터 옷차림과 행동에서 다른 사람들과 달랐다. 전투의 혼란스러움 속에서도 그는 주목받기를 원했고 자신이 원한 바를 이루었다. 참전 장교가 독특한 스타일을 갖고 있다는 것은 많은 이점이 되었다. 맥아더처럼 용맹하고 유능한 장교가 참신한 모습을 보이자 병사들은 활기를 얻었으며, 어디서고 지휘관을 쉽게 찾을 수 있었다. 기이한 복장과 옥수수 파이프 같은 특이한 소품들 덕에 어디서나 맥아더는 두드러져 보였다.

물론 초급 장교일 때는 큰 도움이 된 행동들이 지위가 점점 올라가자 언론의 비웃음거리로 떠오르기도 했다. 전쟁터에서 통한 일이 신문 1면에까지 통한다는 법은 없다. 그러나 맥아더는 끝까지 자신의 개성을 버리지 않았다. 간혹 이런 쇼맨십이 일부 언론인에게 거부감을 주기는 했지만, 신문 독자들로부터는 많은 호응을 얻었다. 전선의 병사들도 그의 특이한 차림새를 좋아했다. 비슷비슷한 동료들 가운데서 두드러지고 싶다면 주목받을 만한 일을 해야 한다. 미 육군처럼 엄격한 조직에서도 이런 방식이 통했다면, 아마 거의 모든 조직에서도 통할 것이다.

세부 사항을 잘 파악해서 기회를 놓치지 마라

맥아더는 오랫동안 참모 장교로 일하면서 엄청난 잡무를 별다른 어려움 없이 잘 처리했다. 세부적인 사항을 틈틈이 알아두었다가 긴요히 활용한 덕이다.

날이 갈수록 과학기술이 전쟁에 점점 더 큰 영향을 미치게 되자, 기술적인 세부 문제에 대처할 줄 아는 맥아더의 능력은 더욱 부각되었다. 이는 맥아더가 시대 변화를 따라잡지 못했던 이들과 달리 언제나 현역 최고령 장군으로 남을 수 있었던 이유 중 하나였다.

신기술을 먼저 받아들여라

맥아더는 2차 대전 참전 장군들 가운데서도 손꼽힐 만한 과학기술 예찬자였다. 유난스럽게 겉으로 드러내지는 않았지만, 부하들의 도움을 받아가며 첨단 기술과 신무기 활용에 많은 관심과 노력을 기울였다. 부하 사령관들에게도 항상 새로운 아이디어 창출을 독려한 덕에 맥아더의 군대는 혁신적인 공군 전술과 상륙 작전을 구사할 수 있었다.

맥아더의 성공의 요인 중 많은 부분이 새로운 과학기술을 현명하게 활용한 결과에서 비롯되었음을 주목하라. 오늘날은 2차 대전 때보다도 과학기술의 발전 속도가 더욱 빠른 시대이니만큼, 새로움을 추구하는 자질은 한층 더 필요하다.

매스미디어를 이용한 전략

군 생활 초기에 맥아더는 미군 전체의 매스컴 연락관으로 근무했다. 매스컴 연락관이라는 직책은 그의 적성에 아주 잘 맞았고, 이때 터득한 방법으로 맥아더는 매스컴을 평생 자신에게 유리한 쪽으로 활용했다. 비결은 간단했다. 그는 언론이 원하는 기사의 내용과 언론인들이 선호하는 관점을 미리 알고 주어진 상황을 이용했다. 언론에게 그들이 원하고, 동시에 자신도 원하는 내용을 주었던 것이다.

간혹 언론과 마찰을 빚은 일도 적지 않았다. 맥아더에게 농락당했다고 느낀 많은 언론인들이 사실을 과장되게 보도하여 그를 매도한 적도 있었다. 하지만 맥아더를 높이 평가한 신문과 방송도 많았다. 맥아더의 대중적 이미지는 신문 기사나 라디오 방송의 논평에 따라 좌우되었는데, 어쨌건 맥아더는 언론에 오르내릴 만한 지명도를 얻었으며, 이름을 알리는 것이야말로 그의 주요 의도였다. 많은 경영자들이 경험하듯이, 언론의 악평은 이중적인 효과가 있다. 언론이 변덕스럽다는 것을 맥아더는 익히 알고 있었다. 언론에서는 어제의 영웅이 오늘의 악당으로 돌변하는 일이 드물지 않다.

부드러운 매력

실제 맥아더의 성격은 다소 수줍은 편이었다. 그러나 소모임에서는 상당한 인기를 끌었으며, 여유 있게 준비하면 대중 연설도 빼어나게 해냈다. 맥아더는 자신에게 있는 매력을 언제 풍겨야 하는지를 터득한 사람 같았다. 냉담한 모습도 종종 눈에 띄었으나 항상 기억에 깊이 남을 만한 인상을 주어 상대방을 매료시켰다. 그 상대가 전선에 선 보병대의 사병이든 존 케네디 대통령이든 상관없이 맥아더의 매력에 빠져들지 않는 사람이 없었다. 맥아더는 필요할 때마다 개인적인 매력을 적극 활용하여 자신이 원하는 것을 얻어냈다.

연설 솜씨도 주목할 필요가 있다. 그는 연설 어투도 훌륭했고 매우 교양 있게 말을 할 줄 알았다. 즉석 연설에는 그다지 뛰어나지 않았으나, 성실히 연설문을 준비하는 타입이었다. 사람들은 그의 연설에 큰 감흥을 받았다. 개인적으로든 집단적으로든 상대를 매료시킬 수 있는 매력은 분명 맥아더의 큰 자산이었다. 오늘날의 경영자들도 이 사실에서 많은 것을 배울 수 있다. 사람들은 입에서 불을 뿜는 경영자들에게 시선을 많이 빼앗기지만, 실제로 사업은 예의바르고 매력 있는 성향의 사람이 이끌어 간다. 상냥

하고 부드러운 스타일로 경영한다고 해서 무능력한 직원을 해고하지 못하는 것은 아니다. 결단력을 갖추되 부드러움을 내세우는 경영자는 부하들의 신망을 얻기도 쉽고, 외부인과도 훨씬 편안한 관계를 맺을 수 있다.

사람이 가장 중요한 자산

지성과 실력을 모두 겸비했다고 맥아더 혼자서 모든 일을 다할 수는 없다. 그래서 고위 장교들을 직속 부하로 둘 만큼 지위가 높아지자 그는 최고의 인재를 구하는 데 많은 힘을 쏟았다. 후에 미국 대통령이 된 드와이트 아이젠하워Dwight Eisenhower도 1930년대 내내 맥아더의 참모로 활동했다. 당시만 해도 아이크(아이젠하워의 애칭) 역시 맥아더의 화려한 참모진 가운데 한 명일 뿐이었다. 맥아더와 일했던 유능한 장교들 중에는 그의 지휘 방식이나 연예인 같은 행동을 거북해하며 멀리한 사람도 많았지만, 일급 명장과 함께 일하기를 열망하는 사람이 항상 그보다 더 많았다.

맥아더는 특히 직속 부하들에게 많은 권한을 맡기는 현명한 장교로 전군에 이름이 높았다. 이러한 평판 때문에 많은 인재들이 그에게 몰려들었고, 맥아더는 인재들의 능력을 최대한 활용하는 한편 확고한 리더십으로 그들을 이끌었다. 물론 부정적인 측면들도 있었다. 맥아더는 맹목적인 충성을 요구했으며 때로는 부하들과 정치적인 게임을 벌이기도 했다. 부하들에게 스스로 단점을 고칠 기회를 주지 않고 승진 인사 때가 되면 국방부에 직접 이들의 단점을 보고했다. 때때로 출중한 부하들을 인색하게 대하는 일도 있었다. 하지만 대체로 최고의 인재를 기용하는 등 사람을 최고의 자산으로 여긴 지도자였다.

관용을 베풀어라

맥아더는 자신은 재능이 넘치고 야심도 컸지만, 자신과 가장 가까운 부하들, 이른바 최측근의 실수에 대해서는 놀라울 만큼 관용을 베풀었다. 그는 정기적으로 접촉하는 참모진이나 고위 지휘관들을 개인적으로 볼 일이 적은 사단이나 군단의 지휘관들보다 훨씬 관대하게 대했다. 직속 부하들을 인간적으로 이해하는 일을 업무 능력 부족으로 문책하는 일보다 우선시 여겼다. 하지만 개인적으로 가까운 관계가 아니거나 부하의 부하를 대할 때는 참을성과 여유가 많이 부족했다.

그러나 맥아더는 오늘날의 경영자들에게 유용한 교훈을 준다. 사람을 쓸 때 언제나 최고의 인재만을 둘 수는 없다. 그래서 더더욱 경영자는 가능한 한 관용적이고 여유로운 태도를 지녀야 하며, 경직된 태도만을 고수하다가는 일을 더 그르치게 된다. 사람을 믿지 못해 혼자서 일을 다 안고 간다거나, 다른 면에서 능력을 발휘할 수도 있는 사람을 놓치는 경우들이 그것이다. 몇 가지 아쉬운 점도 있었지만 맥아더는 이런 면에서 나름대로 훌륭한 균형을 유지했다.

지성을 계발하라

맥아더는 지능이 높았으며, 어머니의 끊임없는 독려에 힘입어 어린 시절부터 꾸준히 지성을 계발했다.

1961년 여든 살의 맥아더를 방문했던 존 케네디 대통령은 그의 인품과 노년에도 최신 지식을 받아들이는 면에 경탄을 금치 못했다고 한다. 케네디는 해군 장교 출신인데다 민주당원이었지만 사심 없이 그를 방문한 참이었다(맥아더는 해군과 늘 경쟁 관계에 있었으며, 정치적으로는 공화당 지지 세력이었다). 맥아더는 늘 책을 읽었으며 새로운 정보들을 광범위하게 받아들였다. 지성의 날은 갈고 닦을 때만이 힘 있는 무기가 된다. 맥아더는 지식의 가치와 공부의 중요성을 잘 알고 있었다.

부하들의 전적인 충성과 믿음

맥아더는 군 생활 내내 고도의 정치적인 게임을 했기 때문에 자신의 진영에서 정보가 누설된다거나 이반이 일어나는 일을 철

맥아더는 연설 어투도 훌륭했고 매우 교양 있게 말을 할 줄 알았다. 1951년 시카고 솔저 필드의 5만 관중 앞에서 연설하는 맥아더.

저히 단속했다. 이런 연유로 그는 부하들에게 개인적 충성을 요구했는데, 맥아더와 직접적인 관계를 가진 부하는 오직 그만을 위해 일했다. 이렇듯 맥아더에 대한 충성이 깊은 그룹이 가장 신속하게 뭉치는 경우는 그가 부하들의 불충 행위를 현장에서 적발했을 때였다. 이렇게 만들어진 측근팀은 맥아더에게 전적인 충성과 믿음을 바쳤다. 그것이 두려움에서 비롯된 것이든 신념에서 비롯된 것이든 부하들의 충성을 얻을 수만 있다면 맥아더는 소소한 일에 상관하지 않았다.

충성심에 관한 한 맹목적인 맥아더의 자세는 고대의 왕들과 닮았다. 그러나 오늘날에는 직원들의 개인적인 충성심을 요구하기가 쉽지 않다. 지난 시대의 지휘관들은 부하들의 가족을 볼모로 잡아놓고 충성을 확보하기도 했으나 오늘날에는 스톡옵션, 퇴직연금 등이 충성을 잡을 '황금 사슬'이다.

참호 속에 함께 들어가 전황을 파악하라

맥아더는 어느 누구와도 친밀한 관계를 맺을 수 있는 사람이었다. 1차 대전 때에도 병사들과 함께 전선에서 지내고 교전 중에도 전장을 떠나지 않았을 뿐 아니라 정확한 지시를 내려 금세 전투병들의 호감을 얻었다. 맥아더가 보병 42사단의 참모장 자격으로 프랑스에 갔을 때만 해도 후위에 남아 사단 사령부를 관리하는 일은 유능한 부하에게 맡기고 자신은 교전이 벌어지는 전선으로 나갔다. 그는 핵심 교전 지역도 피하지 않았고, 그저 모습을 비추기 위해 전선에 잠깐 나간 것도 아니었다. 맥아더는 갖은 노력을 다해 병사들과 연락을 취했고 병사들은 그런 그의 열성에 경의를 표했다.

당시 참전했던 고위 장교들 중 맥아더처럼 총탄이 날아드는 현장을 병사들과 함께한 사람은 그리 많지 않다. 전쟁이 끝났을 때 맥아더가 이끌었던 사단의 병사들은 '용자 중의 용자에게'라는 문구를 새긴 황금 라이터를 그에게 선물했다. 그들이 감동한 이유는 맥아더가 용감했다는 사실 자체가 아니라 그 용기로 병사들과 함께했다는 점이었다. 이후에도 맥아더는 계속 사병들과 접촉하며 많은 생활을 함께했으나 지위가 높아짐에 따라 그렇게 하기가 점점 어려워졌다. 휘하 병사들이 계속 늘어나다 보니 소탈한 풍모를 유지하려는 그의 노력에도 한계가 생길 수밖에 없었던 것이다. 하지만 오늘날에도 많은 경영 간부들이 맥아더처럼 하는 방법, 이른바 일선에 함께 들어가 상황을 파악하는 방법은 부하들의 사기를 끌어올려 원활한 경영을 돕는다.

나이를 의식하지 말라

맥아더는 전쟁의 전 분야에 걸쳐 새로운 과학기술과 참신한 사고를 적극적으로 받아들였다. 그는 젊은 부하들보다 훨씬 앞서서 혁신적인 아이디어를 수용했다. 맥아더 군대는 태평양에서 해군보다도 상륙 작전을 더 많이 실시했고, 그 방법도 훨씬 다양하고 새로웠다.

사람들은 맥아더가 '혁신'을 중시했다는 사실을 간과하는 경우가 많다. 그 이유 중 하나는 그가 2차 대전 때 '60대 노인'이었다는 점도 있을 것이다. 그러나 맥아더는 나이에 상관없이 언제나 젊고 재기발랄했다. 나이는 혁신의 걸림돌이 될 수 없음을 맥아더가 몸소 증명해 보인 셈이다. 그는 죽는 순간까지도 정신적 긴장을 풀지 않았다.

앞일에 대비하는 통찰력

맥아더는 사고의 틀이 큰 사람이었다. 개인적 비전뿐 아니라 자신이 해결해야 하는 과제들에 대해서도 마찬가지였다. 그는 초급 장교 시절부터 군 간부들의 눈에 띄려면 폭넓은 통찰력이 필요하다는 것을 알았다. 수천 명에 달하는 중위들 중에서 주목을 받으면 일찌감치 유리한 위치를 차지할 수 있었다. 남북전쟁의 영웅이었던 아서 맥아더의 아들이라는 점도 눈에 띌 수 있는 요인이었지만 맥아더는 어디까지나 능력으로 인정받고 싶어서 더더욱 일에 매진했다.

미국이 1차 대전에 참전하자 맥아더는 넓은 시야로 상황을 파악할 기회를 갖게 되었다. 군 당국은 참전에 필요한 사단을 꾸리기 위해 각주의 방위군을 연방군 체제로 전환하고 있었는데, 주 방위군들의 형편이 제각각이다 보니 체제 전환에도 꽤 시간이 걸렸다. 맥아더는 이때 각 주에서 사단을 구성할 만한 병력을 다 모을 때까지 기다리지 말고, 여러 주 출신의 군인으로 구성된 '레인보우Rainbow' 사단을 조직하자고 제안했다. 이렇게 레인보우 부대를 구성한 덕에 예정보다 빨리 군 병력을 프랑스로 파견할수 있었고 맥아더는 이 사단의 참모장이 되었다. 레인보우 사단을 구성한 일은 언론의 주목을 받았고, 맥아더는 중심인물로 집중 조명을 받았다.

그는 폭넓은 시야를 가졌을 뿐만 아니라 다각적인 각도에서 구상을 하면서 문제를 해결했다. 1, 2차 대전 사이에 그는 승진을 거듭하며 사람들의 기대를 뛰어넘었고, 웨스트포인트 사관 학교 교장 재임시에는 수십 년이나 된 낡은 교수법이 당시와 맞지 않는다는 사실에 주목했다. 그는 웨스트포인트가 대학 수준의 학교라고 생각했지만 교직원들은 19세기 군사 학교의 개념에 머물러 학위 수여도 전무한 상태였다. 맥아더는 졸업생들에게 19세기식 수료증 대신에 학사 학위를 수여하는 방법으로 낡은 관행을 수정하면서 다양한 시도로 웨스트포인트에 대한 일반인들의 인식을 바꿔 나갔다.

1930년대 초, 육군 참모총장으로 재임할 당시에는 2차 대전이 곧 다가오리라는 것을 예감하고 군 자금을 미리 조성했다. 특히 병사들을 훈련시키는 데 가장 많은 돈을 투자한다는 원칙을 시종일관 꿋꿋이 지켰다. 정치가들은 훈련 자금에 투자하기 보다 무기를 구입하기를 원했지만, 맥아더는 1930년대의 군사 과학기술은 변화 속도가 너무나 빨라 최신 무기들도 불과 몇 년 안에 폐물이 된다는 사실을 알고 있었다. 이후 2차 대전이나 일본 점령, 또 한국전쟁 때에도 맥아더는 앞일을 내다보는 남다른 통찰력을 보여 주었다. 특유의 자신만만한 태도는 이따금 사람들에게 거부감을 불러일으키기도 했지만 그의 판단은 대체로 옳았다.

이미지 메이킹과 표정 관리

맥아더는 군복 입은 맵시가 유난히 눈에 띄는 '매력적인 악마'였다. 냉담한 성격으로 유명한 맥아더였지만 인기가 많아 자신의 매력을 한껏 발산하면서 연애 사건을 계속 터트렸다. 그는 준수한 외모로 사적인 모임에서 주도권을 잡았으며, 초급 장교 시절부터 군복을 수선하여 맵시를 더 살리곤 했다. 게다가 자신이 원하는 이미지를 확고히 하기 위해 표정 관리에도 소홀하지 않았다. 키가 176cm밖에 되지 않았지만 맥아더는 항상 자세를 꼿꼿히 해서 실제보다 더 커보이도록 했다. 그는 목표를 달성하기 위해서 남들이 실제의 모습보다 더 매력적으로 느끼도록 자신의 스타일을 각인시켰다.

용맹한 기상과 대담성

맥아더는 2차 대전 초기에 '대피호 속의 더그'라는 별명을 얻었지만, 실제로는 겁이 별로 없었다. 이 별명은 맥아더를 싫어하고 그가 필리핀을 떠나는 것을 마뜩지 않아 하던 언론계 인사들의 입방아에서 비롯되었다. 필리핀에서 그의 군대가 일본에 맞서 전투를 벌이는 동안, 맥아더는 그 옆의 대피호(실제로는 큰 규모의 굴) 속에 몸을 숨기고 있었다는 기사가 나왔지만 이는 언론이 유포하는 소문에 불과했다.

　실제로 맥아더는 코레히도르 섬 전투 때 여느 때와 다름없는 활약을 펼쳤다. 군대가 섬 내부에 있는 참호 속에 머무는 동안 맥아더는 그 위쪽에서 직무를 수행했으며, 일본군의 공습이 시작되고 전황이 몹시 치열해지면 그제야 땅속 참호로 뛰어들었다. 군 생활 내내 맥아더는 적들의 포탄 앞에 서는 것을 두려워하지 않았고, 주변 사람들은 그의 용기와 담대함에 존경을 표했다. 그는 열두 개도 넘는 무공 훈장을 받아 미 육군 역사상 최다 훈장 수여 기록을 남기기도 했다.

배려의 힘을 알았던 장군
노먼 슈워츠코프

노먼 슈워츠코프(Herbert Norman Schwarzkopf)

[1934~2012] 미국의 사령관. 1956년 미국 웨스트포인트를 졸업하고, 이 탈리아·독일 등에서 근무했다. 1988년에 대장으로 승진. 미 중부군 사령 관으로 취임한다. 1990년 걸프전때 사막폭풍우의 작전으로 이라크군을 공격 42일만에 지상전에 승리를 이끌었다.

　슈워츠코프는 휘하 병사들의 일을 각별히 보살핀 장군이다. 그런데 걸프전쟁이 벌어지는 동안 CBS 뉴스의 댄 래더Dan Rather가 '성난 노먼'이 병사들을 소홀히 대한다고 비난한 적이 있었다.

　슈워츠코프를 제대로 이해하는 사람들은 모두 그가 보병대 사병 한 사람 한 사람을 얼마나 소중히 여기는지 잘 알고 있었다. 그래서 많은 사람들은 래더가 슈워츠코프에게 병사들을 잘 돌보라고 훈수한 일을 어이없고 우스운 사건으로 받아들였다.

　슈워츠코프는 병사들을 존중하는 지휘관을 존경했다. 그가 존경한 영웅은 남북전쟁 때의 윌리엄 티컴셔 셔먼 장군으로, 그는 사병들을 변함없이 존중했던 인물이었다. 슈워츠코프가 존경한 또 한 사람은 자신의 상관이었던 리처드 캐버조스Richard Cavazos 소장이었다. 슈워츠코프는 1977년 워싱턴 주 루이스 요새에서 보병 여단을 이끌 때 그의 휘하에서 일했었다.

　슈워츠코프는 한국전쟁에 참전했던 캐버조스를 '위대한 지휘관'이라고 말했다. 캐버조스는 병사들에게 휴식할 시간을 주려고 주말에는 병사들을 동원하지 않았는데, 슈워츠코프도 이를 본받아 걸프전쟁을 마치고 돌아온 직후, 일요일에 열린다는 이유로 개선 퍼레이드를 거부했다.

　지휘관으로서 이런 원칙을 견지하기란 말처럼 쉬운 일이 아니다. 전투 부대의 활동은 주말이나 평일을 가리지 않으며, 특히 야전 훈련에 나섰을 때는 더욱더 그러하다.

슈워츠코프는 군 생활 초기부터 병사들을 세심하게 챙겼다. 처음 베트남에 갔던 1965년, 그는 일군의 베트남 병사들에게 대포와 공중 엄호가 부족하니 전투에 나서지 말라고 조언했다. 베트남 지휘관들은 노발대발했지만, 슈워츠코프는 상관하지 않았다.

그가 생각하는 가장 중요한 의무는 병사들의 생명을 지키는 것이었다. 그는 병사들의 가족에게도 신경을 쓰고 각별히 배려했다. 어느 정도 지위가 높아지자, 슈워츠코프는 병사들의 가족에게 실질적인 도움을 주고 그들의 복지를 향상시키려 애썼다. 그는 휘하 부대에 '가족의 날'을 만들고 관련 행사를 지원했으며, 부인 브렌다는 부대가 주둔하는 지역 사회에서 적극적인 활동을 펼쳤다.

1983~1985년까지 지휘했던 보병 24연대를 떠날 때 슈워츠코프가 한 고별사를 살펴보면 평소의 소신을 잘 알 수 있다.

"내가 여러분을 사랑한 이유는 오직 군인만이 군인을 사랑할 수 있기 때문입니다."

지휘관의 남다른 애정은 당연히 병사들의 사기 진작으로 이어졌다. 그는 1970~1980년대를 지나는 동안 병사들을 효율적으로 훈련시켰고, 마침내 걸프전쟁에서 눈부신 승리를 거두었다.

슈워츠코프는 타오르는 열정과 불같은 성미로 유명하다. '곰' 과 '성난 노먼'이라는 그의 별명은 이런 성격을 잘 드러낸다. '곰' 이란 별명은 얼굴 생김새와도 관련이 있다. '성난 노먼'이라는 별 명은 그가 현장에 섰을 때의 모습에서 비롯되었다.

그는 열정과 힘으로 다른 사람 같으면 대부분 포기했을 힘든 과업도 꾸준히 수행했다. 슈워츠코프의 열정을 의무감이라고 말 하고 싶은 사람도 있겠지만 그렇게만 한정해서 볼 수는 없다. 슈 워츠코프는 옳은 일에 대한 열정으로 잘못된 일은 잘못되었다고 거리낌 없이 말할 수 있던 사람이었다.

한 예로, '사막의 방패' 작전 초기에 백악관은 미군의 병력이 20만 명밖에 안 된다는 사실을 무시하고 그에게 이라크 격퇴 계 획을 수립하라고 지시했다. 슈워츠코프와 참모들이 판단할 때 그 런 상태에서 이라크를 공격하는 것은 무리였다. 그들은 지시받은 대로 계획을 짠 후, 계획에 무리가 많음을 백악관에 분명히 알렸 다. 그는 계획을 실제로 시도할 때 발생할 만한 문제들을 소상히 밝히고 예상되는 대규모 병력 손실에 대해서도 숨김없이 보고했 다. 백악관은 슈워츠코프의 보고를 들은 후 그 계획을 감행하지 않았다.

슈워츠코프 같은 열정적인 지도자가 없었다면 미군은 과연 어떻게 되었을까? 조급한 공격으로 엄청난 손실을 입고, 더 나아가 전쟁 자체에서 패배했을지도 모르는 일이다.

슈워츠코프가 열정을 이기지 못하고 화급히 성을 내는 일도 많았지만, 부하들에게 화를 내는 일은 거의 없었다. 신망을 받는 지휘관이 되려면 부하들을 인격적으로 대하는 자질은 아주 중요하다. 슈워츠코프는 자신이 과도하게 화를 냈다거나 분노에 휘말려 누군가에게 상처를 주었다고 생각되면 바로 사과했다.

문화적 배타심을 버려라

슈워츠코프는 어린 시절부터 다른 문화를 수용할 수 있는 환경에서 자랐다. 특히 이란에서 지내는 동안 아버지에게 타문화를 이해하는 자세를 배웠다. 한번은 슈워츠코프 부자가 사막 여행을 떠났다가 유목 부족의 천막촌에 들른 일이 있었다.

부족장은 환영의 표시로 저녁 식사를 대접했는데, 이때 손님에 대한 각별한 예우의 표시로 갓 잡은 양의 눈알을 내왔다. 슈워츠코프는 만약 그것을 먹지 않으면 아버지에게 실망을 안겨 주고, 부족민들에게 모욕감을 주리라는 것을 알았다. 당시 열두 살짜리 소년이던 슈워츠코프는 온몸의 힘을 다 끌어모아 눈알을 꿀꺽 삼켰고, 아버지와 부족민은 소년의 용기에 흐뭇해했다.

베트남전에 처음 참전하여 고문으로 일할 때, 슈워츠코프는 베트남인 장교들과 똑같이 지냈다. 같은 음식을 먹고 같은 곳에서 자는 등 그들과 같은 방식으로 생활하려고 애썼다. 덕분에 그는 베트남인들로부터 각별한 환영을 받았다.

어릴 적부터 쌓아온 훈련과 경험은 모두 걸프전을 치를 때 큰 도움을 주었다. 연합국 지도자들은 사실 저돌적인 솔직함으로 유명한 이 사람이 '과연 어떻게 다양한 나라로 이루어진 군대를 이끌고 전쟁을 제대로 수행할까?' 하는 의구심을 떨치지 못했다.

그러나 슈워츠코프는 다른 민족을 존중하면서 흩어져 있던 다국적 군의 힘을 통일시켰다. 슈워츠코프는 특히 전쟁에 참가한 사람들 중 가장 까다로운 인물인 사우디아라비아의 칼리드Khalid 왕자의 호감을 얻었다. 칼리드는 아랍 지역에서 손꼽히는 군사 지도자였지만, 성격이 아주 유별난 사람이었다. 그런데 슈워츠코프가 칼리드의 신임을 얻자 어려운 문제들이 술술 풀렸다.

슈워츠코프는 병사들에게도 사우디아라비아의 관습을 존중하라고 누차 지시했으며 병사들은 큰 탈 없이 그의 지시를 잘 이행했다. 걸프전쟁은 미군과 다른 연합국 군대 간의 문화적 충돌이 빈발할 수도 있는 전쟁이었지만, 슈워츠코프는 뛰어난 외교적 수완으로 그 모든 문제를 극복했다.

초급 장교 시절 슈워츠코프의 상관은 알코올 중독자였다. 슈워츠코프는 상관의 태도를 보며 큰 충격을 받았고, 한때는 군을 떠날까도 생각했다. 그러나 그는 마음을 고쳐먹고 문제를 풀어 갈 방법을 찾았다.

베트남에 다녀온 뒤 슈워츠코프는 다시 한 번 깊은 회의에 빠졌지만, 이상주의만을 품고 있다가는 그런 갈등을 떨치기 어렵다고 생각했다. 슈워츠코프는 군복을 벗겠다는 생각을 버리고 군에 남아 잘못된 점들을 고쳐나가기로 마음먹었다. 그는 언제나 그렇듯이 일단 문제를 분명히 밝혀낸 뒤 해결책을 찾았다.

조지아 주 스튜어트 요새에서 보병 24연대를 지휘할 때 발생한 사건도 그가 얼마나 문제를 적극적으로 해결하는 인물인가를 잘 보여 준다.

1983년, 육군은 에너지 절약 운동의 일환으로 병영 내 크리스마스 장식물에 전등 설치를 금지했다. 슈워츠코프는 이 작은 일이 자칫 군대의 사기를 저해하지 않을까 몹시 걱정했으며, 결국 '슈워츠코프답게' 대안을 마련했다.

그해 겨울 스튜어트 요새에는 크리스마스 전등이 밝게 빛났다. 슈워츠코프의 직속상관인 캐버조스 장군은 당장 전화를 걸어 그 불빛은 도대체 뭐냐고 물었다. 슈워츠코프는 크리스마스 장식 전등의 전력 소요 비용이 4백 달러를 약간 넘는다는 것을 계산한 후, 자신이 그 액수에 해당하는 개인 수표를 육군 본부에 보냈다고 말했다. 케버조스는 만족했고, 슈워츠코프의 병사들도 즐거운 크리스마스를 보낼 수 있었다.

용기가 사람을 구한다

슈워츠코프의 용기 있는 태도는 그 명성이 자자한데, 특히 두 번째로 베트남에 갔을 때의 일화가 유명하다.

그의 휘하 중대 하나가 지뢰밭으로 들어선 바람에 지휘관과 중위 한 사람이 큰 부상을 입었다. 슈워츠코프는 지뢰밭 옆에 전용 헬리콥터를 착륙시키고 상황을 지휘했다. 직속 지휘관이 부상당했으니 병사들이 공포에 허둥대다 더 큰 사고를 당할지도 모르는 상황이었다. 슈워츠코프가 병사들을 지뢰밭 밖으로 불러내려고 할 때 지뢰 하나가 또 터져서 병사 한 명이 중상을 입었다.

부상병은 데굴데굴 구르며 몸부림을 쳤고, 슈워츠코프는 혹시 그가 지뢰를 더 건드릴까봐 걱정스러웠다. 그래서 그는 부상병이 있는 곳으로 걸어 들어가, 몸부림치는 부상병을 땅바닥에 꽉 눌러 꼼짝 못하게 했다. 병사들이 지뢰밭을 빠져나가는 동안, 장교 한 명이 더 부상을 당했고 병사 한 병이 목숨을 잃었다. 만약 슈워츠코프가 남다른 용기로 지뢰밭으로 걸어들어가 부상병을 붙

잡지 않았다면 더 많은 장병들의 목숨이 위험했을지 모른다.

그의 대담한 행동이 아니었다면, 그날의 참화는 실로 엄청났을 것이다. 우리의 '곰' 슈워츠코프는 모든 일을 이처럼 담대한 용기로 헤쳐 나갔다. 그리고 평소부터 용기와 소신을 보여 주었기에 모두 입을 다물고 있을 때에도 자신의 생각을 떳떳이 밝힐 수 있었다. 병사들이 그를 믿고 따른 것도, 섣불리 이라크를 침공했다간 재난을 입는다고 거침없이 보고한 의견이 받아들여진 것도 그의 인간됨과 용기를 모두가 믿었기 때문이다.

─── 탁월한 커뮤니케이션 기술과 유머를 갖춰라 ───

슈워츠코프는 화술이 매우 뛰어난 사람이었다. 고등학교 시절부터 남다른 토론 솜씨를 발휘하는 등 커뮤니케이션 방면에 재질을 보였고, 군인의 길에 들어선 뒤 기회가 될 때마다 병사들 앞에서서 연설을 했다. 특히 스튜어트 요새에서는 'V자를 새겨라'라는 일련의 연설로 병사들의 뇌리에 깊은 인상을 남겼다. 연설의 요지는 적들의 가슴에 보병 24연대의 상징인 'V'자를 새겨 넣겠다는 것이었다. 병사들은 그의 연설에서 드러나는 유머와 진정성을 좋아했다.

슈워츠코프는 걸프전쟁에서도 뛰어난 커뮤니케이션 기술을 보여 주었다. 이제는 너무나 유명해진 그 보고서들이 당시 그렇게 큰 호응을 얻은 것은, 내용이 직접적이고 간결하며 핵심에 충실한데다 그 속에 슈워츠코프의 독특한 유머가 녹아 있었기 때문이다. 슈워츠코프는 상대가 부하들이건 상관이건 언론이건, 늘 한결같이 간결하게 핵심을 전달했고 사실에 바탕을 두었다.

슈워츠코프는 베트남 전쟁과 그레나다 작전을 치르면서 군이 언론과의 커뮤니케이션에 미숙했다는 사실을 깨달았다. 그리하여 걸프전쟁 때는 언론이 전황을 제대로 파악할 수 있도록 각별한 노력을 기울였다. 그는 기자회견도 자주 열었다. 자신이 말을 하지 않으면 누군가 말을 할 테고, 그러면 이야기가 왜곡되어 전달될 가능성이 많았기 때문이다. 슈워츠코프는 언제나 솔직했다. 대답하고 싶지 않거나 모르는 질문을 받으면 그는 대답하고 싶지 않다거나 모른다고 할 뿐 엉뚱한 이야기를 꾸며 내지 않았다. 경박한 지혜를 뽐내며 언론이나 대중을 농락하려 해도 언젠가는 거짓이 발각되고 만다. 명장 슈워츠코프는 이 사실을 너무나 잘 알고 있었다.

고된 훈련은 도리어 사기를 높인다

슈워츠코프는 군대를 직접 지휘하게 될 때마다 병사들의 훈련에 특별히 힘을 쏟았다. 그가 시키는 훈련은 다른 지휘관들이 시키는 훈련보다 더 고되고 지속적이었다. 걸프전쟁 중에도 그는 끊임없이 군대를 훈련시켰다. 슈워츠코프는 훈련의 두 가지 기능을 알아챘다. 하나는 어떤 일에 대해서도 유비무환의 자세를 갖추도록 하고, 둘째는 병사들이 지루함을 느끼거나 향수에 시달릴 여유를 주지 않는 것이었다.

고된 훈련이 사기를 꺾지 않고 오히려 진작한다는 것을 슈워츠코프는 직감적으로 깨달았다. 훈련을 할수록 병사들의 자신감은 커졌고, 자신감이 커질수록 사기는 한층 높아졌다. 슈워츠코프는 조언 능력도 뛰어났다. 장교들을 지휘할 때도 그는 기회만 되면 그들의 어깨에 팔을 두른 채 지시 사항을 전했으며, 특히 젊은 장교들에게 자신의 지도 원칙들을 세심하게 전달하고자 애썼다.

솔선수범하는 지도자가 되라

슈워츠코프가 특히 존경한 인물은 알렉산더 대왕이었다. 알렉산더는 모든 면에서 병사들보다 앞장서서 행동해 본보기가 되었기 때문이다. 슈워츠코프는 알렉산더 같은 지도자가 되기 위해 노력을 아끼지 않았다. 베트남 전쟁 때는 되도록 많은 시간을 전선에 나가서 보냈으며, 평화 시에도 병사들과 함께 행군하고 같은 음식을 먹는 등 자주 만남의 시간을 가졌다. 걸프전쟁 때 병사들이 크리스마스가 되어도 집에 돌아가지 못하자 자신도 집에 가지 않았다. 비행기를 타고 집에 다녀오는 일이 어렵지 않았지만 만약 혼자서만 가족과의 시간을 보냈다면 병사들의 신망을 잃을지도 모르는 일이었다.

적을 이해하고 분석하라

걸프전쟁에 돌입하자 슈워츠코프는 적을 파악하는 데 많은 시간을 들였다. 그는 절대로 사담 후세인을 과소평가해선 안 된다고 판단했으며, 이 점을 모두에게 강조했다. 적군은 장비도 뛰어나고 공격력도 높았다. 실수 한 번, 착오 한 번으로 동료 수백 명의 목숨을 잃을 수도 있는 상황이었다.

슈워츠코프는 온갖 고민에 시달리며 밤잠을 설쳤다. 역사상 많은 패장들은 적을 과소평가하는 우를 범했으나 슈워츠코프는 달랐다. 그는 이라크 군의 움직임을 면밀히 주시하느라 날마다 몇 시간씩 지도를 들여다보고 보고서를 검토하며, 사담 후세인과 휘하 장군들이 무엇을 꾸미는지 파악하려고 애썼다.

군대의 움직임 한 번, 토막난 라디오 메시지 한 편이 슈워츠코프와 참모들에게는 중대한 정보가 될 수 있었다. 슈워츠코프는 상황이 달라지면 후세인이 어떤 생각을 할지를 알아내려고 그의 인성을 분석하기도 했다. 후세인은 미국인들이 베트남전을 치렀던 것처럼 걸프전쟁에 임했으리라 예상했다. 그러나 아라비아의 사막을 찾아간 미군은 장군부터 병사들까지 베트남전의 치욕을 떨치기 위해 절치부심한 군대였으며 후세인은 결국 완전히 허를 찔리고 말았다.

치밀한 계획으로 신중히 실행하라

지금은 널리 알려진 '헤일 메리Hail Mary (사막 깊숙이 들어가 이라크 군을 포위하는 것)' 작전은 미군 역사상 손꼽힐 만큼 주도면밀한 계획이었다. 아마추어 마술사였던 슈워츠코프는 적들을 감쪽같이 속일 수 있는 방법을 찾아냈다. 그가 부렸던 마술은 '여기를 보십시오'하면서 시선을 돌린 뒤 정작 중요한 일은 다른 곳에서 벌이는 것이었다. '헤일 메리' 작전이 성공하려면 3가지 세부 작전을 완벽하게 수행해야 했다. 먼저 공군이 이라크 군의 판단 착오를 유도하기 위해 며칠 동안 실제 규모보다 많은 수의 돌격기(홀로 나가 임무를 수행하는 비행기)를 출격시켰다.

두 번째 작전은 슈워츠코프가 정공법을 쓰리라고 이라크 측이 예상하도록 유도하는 것이었다. 정공법은 해안을 거슬러 올라가 이라크 방어선으로 직접 돌진하는 것이었다. 그는 이라크 군을 교란시키기 위해 군대를 쿠웨이트 국경의 해안선에 바짝 주둔시키고, 해안선 바깥에 대규모 해병대를 배치했다. 마지막 작전은 병력의 반 이상을 사막 깊숙이 이동시킨 후, 그곳에서 대규모 포위 작전을 펼쳐 이라크 군의 후위까지 완전히 감싸버리는 것이었다. 중요한 점은 차량 5만 대가 수송하는 대규모 병력이 서부 사막으로 이동한다는 사실을 사담 후세인이 알아차리지 못해야 '작전 성공'이었다. 마지막 계획이 성공하려면 앞의 두 계획이 차질 없이 진행되어야 했다.

계획 하나하나가 워낙 치밀하게 준비된 덕분에 다국적 군은 이라크를 의도했던 바 그대로 속였고 포위 작전도 일사천리로 진행되었다. 작전이 멋지게 성공할 수 있었던 이유는 슈워츠코프가 신중하게 일을 진행했기 때문이다. 그는 작전 실행을 서두르지 않았으며, 준비가 되었다고 판단할 때에만 공격 계획을 보고하고 허락을 받았다. 많은 지도자들은 상황에 휘말려 엉성한 계획을 들고 허겁지겁 실행에 들어가려 하지만, 슈워츠코프는 결코 그런 과오를 범하지 않았다.

역할 모델을 만들어라

슈워츠코프는 언제나 자신이 배워나갈 역할 모델role models 을 설정했다. 최초이자 최대의 역할 모델은 다름 아닌 아버지였다. 아버지는 웨스트포인트에 합격하기 훨씬 전부터 그에게 의무와 명예를 가르쳤다. 또한 가족의 중요성을 일러 주고 다른 민족의 문화와 종교를 존중하는 태도를 알려주었다. 초급 장교 시절의 역할 모델은 알렉산더 대왕, 윌리엄 티컴셔 셔먼, 율리시스 그랜트였다. 그는 이들을 '진흙 발' 지도자라 불렀는데 모두 병사들과 함께 직접 전장에 나가 모범을 보이면서 군대를 이끈 지도자들이 었다.

이후 그는 자신의 상관들을 구체적인 역할 모델로 삼았다. 그 중 한 명인 크레이턴 에이브럼즈Creighton Abrams 는 2차 대전 당시 기갑 부대의 사령관이자 패턴의 총애를 받은 인물로 베트남 전쟁의 말기를 이끈 인물이었다. 슈워츠코프는 에이브럼즈가 육군 최고의 자리에 올라선 후에도 겸손함과 인간미를 간직하고 있는 모습을 존경했다. 은퇴가 가까워질 무렵에는 알베르트 슈바이처나 네페르세Nez Perce 족의 조셉 추장 같은 사람을 존경했다. 슈워츠코프는 일찍부터 다른 사람의 삶을 통해 배울 수 있는 것이 많음을 알았고, 평생 배움의 길을 멈추지 않았다.

다양한 분야에 관심을 가져라

슈워츠코프가 지도자로서 성공을 거둔 이유 중 하나는 그가 다양한 분야에 재능과 관심을 지녔기 때문이다. 슈워츠코프는 야외활동을 즐겼고, 트랩 사격을 비롯한 대부분의 스포츠를 좋아했다. 또한 오페라를 즐기고, 전쟁사와 자연사에 대한 책을 탐독했으며, 아마추어 마술사이기도 했다. 그는 가족을 매우 소중히 여겼으며 신앙심도 깊었다. 걸프전쟁 때는 머리맡에 늘 성경을 놓아두고 틈나는 대로 읽었다.

워낙 다양한 분야에 관심을 갖다 보니 슈워츠코프는 문제를 여러 각도에서 살펴보고, 때로는 아주 독창적인 방식의 해결책을 찾아내곤 했다. 또한 가족에 대한 사랑과 깊은 신앙심은 그가 세상을 이해하는 데 큰 버팀목이 되었다. 슈워츠코프는 자신의 안위보다는 병사들을 먼저 돌보는 것, 소신껏 옳은 일을 행하는 것을 행동의 원칙으로 삼았다. 정년을 불과 1년 앞두었을 때 20세기를 통틀어 몇 손가락 안에 들 만큼 빛나는 승리를 일구어 낸 것도 뚜렷한 원칙에 따라 행동했기 때문이다.

다른 장군이 걸프전쟁을 지휘했더라도 과연 그만한 성과를 이룰 수 있었을까? 그랬을 수도 있고, 아닐 수도 있다. 어쨌건 노먼 슈워츠코프는 그를 필요로 할 때 그 자리에 있었고, 맡겨진 일을 훌륭히 완수했다. 그리고 덕분에 조지 부시 대통령의 말대로 걸프전쟁은 '베트남 증후군을 완전히 떨쳐버린 전쟁'으로 미국인들의 뇌리에 깊이 남았다.

Chapter
4

변화와
혁신에 원칙은
필요 없다

기획력과 전략 전술의 장군
조지 스미스 패튼

조지 스미스 패튼(George Smith Patton)

[1885~1945] 미국의 장군. 제2차 세계대전을 승리로 이끈 주역으로 북아프리카, 시실리, 프랑스, 독일에서의 전투를 지휘하였다. 노르망디 상륙작전에서 큰 활약을 하였다. 북프랑스에서 하루에 110km를 진격하기도 하였다.

군 지휘관들 가운데 패튼만큼 기량 연마에 많은 시간을 들인 사람은 아마 없을 것이다. 패튼은 방대한 군사학의 장서를 지니고 있었는데, 그 책들을 단지 수집해 놓기만 한 것이 아니라 꾸준히 읽고 열심히 공부했다.

패튼의 책에는 그가 써넣은 주석과 전쟁에 대한 견해가 가득했다. 그는 지상전뿐 아니라 해전에 대해서도 공부했으며, 최신 군사 이론과 역사적 교훈을 두루 섭렵했다. 패튼은 기회가 닿는 대로 여러 군사 학교에 출석했고, 그때마다 어떤 과목을 수강해야 할지 미리 파악하여 다른 직업 장교들보다 한 발 앞서 훈련을 했다.

이렇듯 군사학 분야에 실력을 쌓음과 동시에, 패튼은 독특한 방식의 기회도 찾아냈다. 패튼은 1912년 올림픽 근대 5종 경기에 출전할 기회가 생기자 주저 없이 그 기회를 움켜잡았다. 그는 여기서 유명세를 얻으려 했다. 근대 5종 경기는 달리기, 수영, 펜싱, 사격과 승마로 이루어져 있었다. 그는 유럽 최고의 검술사를 불러와 펜싱 훈련을 했으며 그 결과 5위라는 놀라운 성적을 거뒀다. 사격도 시합 전날 밤에 불면으로 탈진하지만 않았어도 아마 메달권에 들 수 있었을 것이다.

1차 대전 때 탱크 군단을 건설하는 임무를 맡자 패튼은 탱크에 관한 모든 것을 샅샅이 연구했다. 영국과 프랑스로 달려가 새로운 장갑차의 운전법과 조작법을 배웠으며, 연합군 장교들과 만나 몇 시간씩 전술과 성공 사례에 대해 이야기를 나누었다. 심지어 탱크 생산 공장에까지 찾아갔다. 이렇게 극성스레 연구를 하고 나니 탱크에 대해서라면 모르는 상식이 없게 되었다.

1차 대전 이후에는 항공기가 전투의 중핵이 되리라는 것을 깨닫고, 개인적으로 파일럿 자격증을 취득했다. 덕분에 그는 항공기를 지상군의 지원 수단으로 활용하는 방안을 직접 깨달을 수 있었다. 패튼은 열성적 자기 계발에 힘입어 세 가지 중요한 것을 얻었다. 첫째는 성실한 군인으로서 상관들의 주목을 받게 되었으며, 두 번째는 병사들의 신뢰를 얻었다. 패튼이 하는 말은 항상 분명했으며 내면에서 우러나오는 자신감은 듣는 이들에게 그대로 전달되었다. 병사들은 패튼이라는 사람이 시늉만 하지 않고 실제로 모든 사항을 꿰뚫고 있다는 것을 직감했다.

마지막은 평소의 철저한 준비 덕분에 낯선 상황에 처해도 당황하는 일이 별로 없었다는 사실이다. 패튼이 프랑스에서 전투를 지휘해 성공을 거둔 이유 중 하나는 프랑스의 도로 체계를 잘 파악했기 때문이다. 또한 전투에 나서기도 전에 프랑스에서 벌어진 수많은 전투를 면밀히 연구했다. 게다가 수십 년 동안 쌓인 방대한 자료들을 연구하여 상황에 따라 전술이 어떻게 달라져야 하는지 한눈에 파악할 수 있었다. 그래서 패튼이 남긴 말은 더더욱 설득력을 갖는다.

"전략과 전술은 변하지 않는다. 다만 그것을 적용하는 사람과 방법이 다를 뿐이다."

대중과의 관계에 소홀하지 마라

공부하던 중에도 패튼은 각종 간행물 원고를 기고했다. 모두 군에 관한 내용이었지만 그 주제는 매번 달랐다. 그는 기고 활동으로 평화시에 대중에게 가까이 가고자 했으며, 문필 활동을 자신의 이름과 능력을 알리고 견해를 널리 밝히는 수단으로 삼았다. 맥아더처럼 정력적으로 자신을 내세우지는 않았지만, 패튼은 대중과의 친밀감을 유지하는 데 많은 애를 썼다. 게다가 그는 문장력이 뛰어났으며 글 쓰는 일에 매우 열정적이었다.

세부 사항을 꼼꼼히 챙겨라

패튼이 스스로 만들어 낸 이미지 가운데 하나는 충동적인 카우보이의 이미지이다. 그는 일부러 카우보이의 이미지를 만들어 널리 유포시켰다. 하지만 정작 그는 무슨 일을 하든 충분한 계획과 깊은 생각을 거친 후에야 행하는 사람이었다. 패튼은 '천재성은 가장 사소한 일까지 신경 쓰는 능력에서 비롯된다'라고 쓴 적이 있다. 패튼과 그의 참모진은 전투를 계획하고 행여 있을지도 모르는 돌발 사태를 예견하는 일에 많은 시간을 쏟았다. 이렇게 철두철미한 준비를 한 상태로 상황을 빠르게 처리하다 보니 겉보기에는 별다른 고민 없이 작전을 수행하는 것처럼 보였다. 그 때문에 마치 무작정 총을 쏘아 대는 카우보이 이미지가 있었다.

패튼은 어떤 과제를 앞에 두면 세부 사항을 꼼꼼히 살펴 자신에게 무엇이 필요한지, 부하들에게는 어디까지 요구할 수 있을지를 일찌감치 간파했다. 그렇지만 패튼이 부하들을 시시콜콜 관리하지는 않았다. 그는 부하들의 자질과 직무를 잘 파악하여 효율적인 팀워크를 구축하는 방식을 택했다. 그러나 지도자들 가운데는 조직 내부의 상황을 전혀 알지 못하고 쓸데없이 인력을 중복 투입하는 등 에너지를 낭비하는 사람이 너무도 많다.

패튼의 꼼꼼한 일처리 솜씨 때문에 그의 군대는 더욱 유연한 활동을 펼칠 수 있었다. 그가 이끈 3군은 종종 한꺼번에 세 방향에서 적을 공격하기도 했다. 이런 묘기에 가까운 작전을 다른 장군들은 생각조차 해내지 못했지만, 패튼은 실제로 멋지게 성공시켰다. 훌륭한 지도자라면 마땅히 조직의 세부에까지 주의를 기울여야 한다. 그러나 현실은 상급 지휘관이 병사들과 너무 멀리 떨어져 있어서 군대의 실제 상황을 파악하지 못하는 경우가 아주 흔하다. 이에 반해 패튼은 늘 전면에서 병사들과 가까이했기 때문에 주변의 상황을 제대로 파악할 수 있었다.

준비된 사람만이 기회를 잡는다

패튼은 군대를 훈련시키는 일을 특히 중요시했다. 그는 군대가 전장에서 막강한 전투력을 발휘하는 힘이 훌륭한 지휘와 규율 그리고 꾸준한 훈련에서 나온다고 믿었다. 패튼이 직접 군대를 훈련시키는 경우도 많았고 지위가 높아진 뒤에도 병사들의 훈련 과정에 함께 동참하기도 했다. 그 결과 패튼과 그가 이끄는 병사들은 다른 방식으로는 쉽게 얻을 수 없는 돈독한 유대감을 키웠다.

그가 맡았던 가장 어려운 훈련 과제는 1차 대전 때 미국 원정군의 탱크 군단을 키우는 일이었다. 하지만 패튼은 훌륭히 해냈고 훈련시킨 탱크 부대를 이끌고 직접 전투에 나섰다. 자신들을 훈련시킨 패튼이 전투 지휘까지 맡게 되자 병사들은 더욱 그를 믿고 따를 수밖에 없었다. 패튼은 북아프리카 전투를 준비할 때도 같은 훈련을 반복했고, 나중에 3군을 이끌고 유럽으로 떠나기 전에도 마찬가지로 병사들을 훈련시켰다. 무언가를 제대로 이해하려면 스스로 가르쳐 봐야 하는 법. 패튼은 병사들을 훈련시키면서 그들과 유대 관계를 돈독히 하고 자신이 가르치는 내용에 대해서도 더욱 확실한 지식을 얻었다.

한가운데 뛰어들어 문제를 해결하라

패튼은 지휘관의 자리가 후방의 사령부에 있다고 생각하지 않았다. 전투가 벌어지는 현장에 함께 있어야 전공戰功을 세울 수 있다고 믿었던 그는 병사들의 훈련 현장이든 실전 현장이든 함께 있었다. 탱크 군단을 이끌고 1차 대전에 참전했을 때에도 병사들과 함께 전선에 나갔다. 본격적인 전투가 시작되었을 때도 전선을 떠나지 않고 병사들을 독려하여 열의를 이끌어 냈다. 이렇게 병사들을 뒤에서 밀기보다 곁에서 격려하며 이끌었다는 점에서 패튼은 과거 시대의 장군들과 비슷했다.

2차 대전 중 전투 부대를 훈련시킬 때에도 패튼은 병사들 앞에 꼬박 꼬박 모습을 드러냈다. 그는 될 수 있는 대로 전장에 자주 나갔으며 그때마다 병사들에게 자신의 존재를 각인시켰다. 대규모의 수행 헌병 대원들은 사이렌을 울려 그가 도착했음을 알렸고, 그러면 병사들은 기뻐하며 패튼을 맞았다. 카세린 고개에서 참패한 군단을 재건할 때, 그는 일주일 내내 부대와 부대 사이를 발이 닳도록 누비고 다녔다. 이때도 미국의 훈련장에서와 마찬가지로 요란스런 방식으로 도착을 알렸는데, 부대에 도착한 후 발빠르게 그곳 상황을 조사하고 장교들이나 병사들과 다양한 방식으로 이야기를 나누었다.

그는 가는 곳마다 엄격한 규율을 세워 전선 병사들을 독려했으며, 자신이 원하는 목표를 분명히 전달했다. 병사들은 패튼이 자신들의 이익을 옹호한다는 것을 믿었고, 이 믿음은 엄청난 힘을 발휘했다. 2차 대전 동안 패튼은 부대 사이를 더욱 바쁘게 돌아다녔다. 그는 문제가 일어난 곳이면 어디든지 나타났다. 그는 말만 앞서는 지도자가 아니라 문제의 한가운데 뛰어들어 그 문제를 해결하는 지도자였다.

지도자가 병사들과 많은 시간을 함께할수록, 병사들은 지도자를 존경한다. 별로 만나 보지도 않은 병사들이 지도자를 어떻게 이해하겠으며, 눈앞에서 이끌지 않는 지도자를 병사들이 어떻게 따르겠는가? 패튼은 이 점을 확고히 이해하고 있었으며 언제나 전투의 한가운데로 앞서 뛰어들었다.

─────── '부하에 대한 충성'을 잊지 마라 ───────

패튼이 가장 신경 써서 챙긴 일은 병사들의 생활이었다. 이것은 작은 일도 놓치지 않고 꼼꼼히 챙기는 그의 성격과도 관련이 있었다. 병사들을 잘 돌보면 그들은 열성적으로 임무를 수행하기 마련이다.

패튼은 병사들을 끝없이 독려하고 보살폈다. 숙소가 편안한지 배급 식량이 제대로 보급되는지 등 생활에 마음을 썼다. 또한 병사들이 올린 전과戰果는 고향 신문에 반드시 보도되도록 했다.

부상을 입고 후송을 기다리는 병사와 대화 중인 패튼

패튼의 독려가 지나치다 싶은 적도 있었다. 그가 어느 날 야전 병원을 방문한 때였다. 신경증으로 입원한 병사를 보고 나약하다고 말하고 독려하다 자기의 감정에 못이겨 폭행해 물의를 빚은 적이 있다. 그는 곧바로 사과하며 상황을 수습했다.

이 사건도 사실 패튼이 야전 병원을 자주 순시했기 때문에 일어났다. 실제로 그는 병원 순시를 무척 싫어했지만, 필요한 일이라고 느끼면 조금도 회피하지 않았다.

그러나 평상시의 그는 상자에 훈장을 넣어 가지고 다니다가 공을 세운 병사를 보면 그 자리에서 직접 훈장을 달아 주고 사무 처리는 나중에 하는 지휘관이었다. 그러니 병사들이 다투어 그를 따르고 충성을 바칠 수밖에 없었을 것이다.

패튼은 병사들의 충성을 얻지 못하면 할 수 있는 일이 거의 없다는 사실을 알고 있었다. 그는 이와 관련해서 다음과 같은 글을 쓴 적이 있다.

'많은 사람들이 아래에서 위로 향하는 충성에 대해서 이야기한다. 정작 이보다 더 중요한 것은 위에서 아래로 향하는 충성이건만, 이를 찾아보기란 쉽지 않다. 오랜 세월에 걸쳐 존경받는 위대한 인물들은 바로 이 '부하에 대한 충성'을 잊지 않았다.'

위대한 지휘관이 되고자 노력하라

패튼 속에는 아주 다른 두 사람이 있었다. 패튼 하면 쉽게 떠오르는 과시적인 면모는 패튼이 만들어 낸 이미지이다. 전장에서 전투를 이끄는 사람에게는 외향적이며 과감한 태도도 필요하다고 생각했기 때문이다. 그가 군복을 입고 찍은 사진과 평범한 일상 중에 찍은 사진을 비교해 보면 그 차이는 분명히 드러난다. 병사들 앞에 서면 통속적이고 거칠었지만, 저녁이면 유럽 명사들의 모임을 주재할 수 있는 인물 또한 패튼이었다.

패튼은 병사들에게 자신감과 통제력을 전달하려면 강인함이 필요하다고 생각하고, 실제로 연습을 통해 그런 표정을 만들어 냈다. 내면적으로야 몹시 감성적인 사람이었지만, 일평생 자신의 섬세한 면모를 숨기고 살았다. 전사에게 감정 표현은 어울리지 않는다고 생각했던 것이다. 패튼은 자신의 마음속에 바람직한 지도자 상을 그리고, 스스로 그러한 이미지를 구현하고자 노력했다. 그는 진정 역사의 무대에서 당당히 뛴 배우였다.

패튼은 20세기에 등장한 군 지도자들 중 상당히 복잡한 타입에 속하는 인물이다. 그는 진실로 원하는 자신의 상을 만들어 실천했으며, 다른 사람들의 인생을 설계하는 데에도 많은 도움을 주었다. 그는 어떤 것도 당연한 일이라고 여기지 않았으며 무슨 일을 하든지 전력투구했다. 물론 그에게도 결점은 있었다. 오만한 고집쟁이였고 다른 사람들은 이해할 수 없는 행동들을 많이 했다. 덕분에 그는 사람들의 입에 자주 오르내렸다.

제휴를 통해 뜻을 펼친 지략의 명장

카이사르

카이사르(Gaius Julius Caesar)

[BC 100~BC 44] 로마의 군인·정치가. 크라수스·폼페이우스와 더불어 제 1차 삼두 정치를 수립하였으며, 갈리아와 브리타니아에 원정하여 토벌하였다. 크라수스가 죽은 뒤 폼페이우스마저 몰아내고 독재관이 되었으나, 공화 정치를 옹호한 카시우스롱기누스, 브루투스 등에게 암살되었다.

인맥을 만든 카이사르의 방법이 권장할 만한 것은 아니지만 현실에서는 여전히 통하는 것이 사실이다. 당시 자료에 따르면 카이사르는 여자들에게 매우 인기가 높았다. 말하자면 당대의 존 케네디였다고 비유할 수 있겠다. 그는 자신의 외모를 이용하여 정적뿐 아니라 친구의 부인들도 수없이 유혹했다. 야심을 실현하기 위해서라면 어떤 방법도 가리지 않았다는 의혹을 받을 정도이다. 그가 젊은 시절 외교 사절로 동방에 갔을 때는 그곳의 왕과 동성애 관계를 맺었다는 소문이 나 평생 그를 따라다녔다. 그로 인해 '카이사르는 모든 여자의 남편이요, 모든 남자의 아내다'라는 농담마저 생겨났다.

어쩌면 오늘날의 정치인들과 크게 다르지 않은 모습일지도 모른다. 어쨌건 카이사르는 한 번 관계를 맺은 여자들과 계속해서 좋은 관계를 유지했으며, 그들과의 관계를 통해 육체적 쾌락을 넘어서 정치 세계의 전방위에 걸친 영향력을 얻는 동시에, 다른 방법으로는 취할 수 없는 정보를 얻었다.

카이사르는 가난한 귀족이라 출세하는 데 무엇보다 돈이 필요했다. 그래서 그는 일찍부터 당시 로마 최고의 갑부였던 크라수스(기원전 115-53년)의 후원을 받았다. 크라수스는 사업 수완은 뛰어났으나 정치적인 책략은 모자랐다. 카이사르는 크라수스의 정치적 목적을 실현시켜 주는 대가로 금전적인 도움을 받았다. 그 후 카이사르는 수많은 로마 청년의 조언자로서 명성을 떨쳤지만 카이사르가 조언한 몇몇은 기원전 44년 카이사르 암살에 가담하기도 했다.

기회를 잡아라

카이사르는 기회를 놓치지 않고 활용할 줄 알았다. 유리한 상황이 닥치면 실수 없이 기회를 잡았고 불리한 상황도 자기에게 유익하도록 이끌었다. 기원전 63년 종교적 직책인 폰티펙스 맥시무스pontifex maximus (대제사장) 직에 선출된 것도 다분히 정치적 기회를 잡기 위한 결과였다. 대제사장을 맡음으로써 카이사르는 자신의 정치 이력에 도움이 되는 명망과 인맥을 얻었다. 그뿐 아니라 시내에 넓은 관저를 얻어 엘리트 관료들에게 여흥을 베풀 수 있었다.

사실 카이사르는 반대 세력에 의해 로마시 바깥으로 쫓겨날지도 모르는 상황에서 대제사장 선거에 뛰어들었다. 실상 종교심이 그다지 깊지 않은 카이사르가 대제사장 후보로 나서는 일도, 선거 유세를 너무 지나치게 하는 일도 모두 비난을 받았다. 그러나 로마 최고의 종교 사제직은 카이사르에겐 최종 권력으로 향해 가는 하나의 디딤돌이었을 뿐이다.

카이사르는 자신의 부인인 폼페이아와의 이혼에서도 뛰어난 기회 활용술을 보여 주었다. 그는 정치에 뛰어들기 몇 년 전, 술라의 손녀인 폼페이아와 결혼했다. 물론 정략결혼이었다. 폼페이아와의 결혼으로 그는 우선 옵티마테스(과두파)로부터 호감을 얻었다. 술라는 명실상부한 옵티마테스의 영웅이었기 때문이다. 카이사르는 혈연관계가 모두 포풀라레스(평민파)와 연결되어 있는 터라, 정치적으로 옵티마테스와도 친밀한 관계를 유지할 필요가 있었다. 또한 폼페이아와의 결혼으로 당시에 몹시도 궁했던 돈 문제를 해결했다. 그러나 세월이 지나면서 카이사르가 계속 포풀라레스의 관계를 강화하자, 정략결혼 자체가 의미를 잃었다.

기원전 62년 카이사르는 법무관에 선출되었는데, 법무관의 임무를 수행하려면 우선 집에서 연례 종교 예식을 열어야 했다. 예식은 베스타의 처녀 사제들이 집전했고, 남자는 참석이 금지되었다. 그런데 클로디우스Clodius 라는 로마 청년이 여자로 변장하고 카이사르의 집에 숨어드는 바람에, 예식은 결국 계획대로 치러지지 못했다. 클로디우스는 발각되었고 당연히 추문을 했다. 로마인들은 신성 모독을 무거운 범죄로 여겼다. 게다가 클로디우스가 그 집에 숨어든 이유는 카이사르의 아내인 폼페이아와 사랑을 나누기 위해서였다는 소문이 나돌았다.

카이사르는 신중한 태도를 보였다. 당대의 정치 거물이자 카이사르에게 금전적 도움을 주고 있는 크라수스는 클로디우스의 대담한 행동을 높이 사며, 그에게서 신성 모독죄를 벗겨 주려고 배심원들을 매수하고 있었다. 하지만 카이사르는 세간에 나도는 클로디우스와 폼페이아 간통 소문에 근거하여 이혼을 선택함으로써 정략에 걸림돌이 되는 아내를 떨쳐 버렸다. 그러나 크라수스가 클로디우스를 옹호하고 있었기 때문에 카이사르는 드러내 놓고 그 청년이 폼페이아를 유혹하러 자신의 집에 들어왔다고 말할 수 없었다. 사람들이 왜 폼페이아와 이혼했느냐고 묻자 카이사르는 이렇게 대답했다.

"카이사르의 아내는 의심조차 받아서는 안 됩니다Caesar's wife must be above suspicion."

그는 교묘한 말로 크라수스의 기분을 해치지 않으면서, 클로디우스가 자신의 아내를 유혹하려 했다는 사실도 부인하지 않았던 것이다.

커뮤니케이션 능력을 기워라

폼페이아 사건에서 드러나듯이 카이사르는 그야말로 화술의 달인이었다. 단 한 문장으로 자신의 후원자를 지지함과 동시에

추문 당사자를 간접적으로 비난했다. 이 말은 카이사르의 뛰어난 커뮤니케이션 능력을 짐작하게 한다. 카이사르가 살았던 시대에는 화술이 무력보다 강한 힘을 발휘하곤 했다. 젊은이들은 정치 입문의 방법으로 다른 귀족을 법정에 고발했고 로마인들은 법정 싸움을 일종의 게임처럼 즐겼다.

고발의 내용이 무엇인지는 중요하지 않았다. 원고와 피고 가운데 누가 이겼느냐도 중요하지 않았다. 돈 많은 피고들이 배심원들을 매수하여 재판에 이기는 일이 허다했기 때문이다. 중요한 것은 법정에서 얼마나 멋진 화술을 구사하느냐였다. 연설을 설득력 있게 잘하면 동료들의 존경을 얻고 그만큼 정치적 입지를 굳힐 수 있었다.

카이사르는 정치에 입문했을 때부터 연설과 웅변으로 이름을 떨쳤다. 물론 타고난 재능도 있었지만, 활동 초기에 로마의 정정이 자신에게 불리해졌을 때 일부러 로도스 섬에 가서 수사학을 공부하기도 했다.

키케로는 카이사르를 당대 으뜸가는 연설가로 꼽은 바 있다. 그의 연설은 간단하면서도 사람들이 이해하기 쉬웠다. 키케로는 특히 그의 정확한 라틴어 구사를 칭송했다. 게다가 카이사르는 목소리의 음조가 높다는 단점을 극복하고 일류 연설가라는 명성을 얻었다(로마인들은 대중 연설에서 베이스나 바리톤 음역을 선호하는 편이었다). 카이사르는 연설 솜씨만 좋은 게 아니라 문장에도 일가견이 있었다. 그는 역사가나 다른 사람에게 전투 과정과 승리를 기록시키지 않고, 자신의 관점으로 분석하여 직접 전쟁 일지를 썼다. 그의 책들은 최고 수준의 전쟁서는 아니지만 적어도 보통은 넘는다는 평을 얻었다(그는 다수의 청중을 염두에 두고 책을 썼다). 그는 손수 쓴 책으로 대중에게 자신의 의도를 명확히 전달했다.

카이사르는 직접 이야기하지 않으면 다른 사람이 자신의 이야기를 옮기리라는 사실을 알고 있었다. 그는 갈리아 전쟁이 벌어지는 현장에서 전쟁 상황을 기록하고 그 글을 로마로 보내서 사람들이 필사하고 돌려볼 수 있도록 했다. 로마인들은 편지를 오늘날의 책과 같은 수준의 예술 작품으로 여겼다. 사람들은 편지를 돌려 읽었으며, 읽고 난 뒤에도 오래도록 보관해 두고는 몇 번이고 계속해서 다시 읽었다. 인쇄가 없던 시절이다 보니 '책'도 저자가 손으로 쓴 뒤 전문 필경사들(대부분 노예이긴 했지만, 글을 쓸 줄 아는 노예는 매우 비쌌다)이 필사하여 만들었다.

로마 시민들은 대개 글을 읽고 쓸 줄 알았다. 흥미진진한 책이 나오거나 공공장소에 공식 서한이 나붙으면 많은 사람이 함께 읽고 베껴 적었다. 카이사르는 글이 로마인들에게 큰 영향력을 미친다는 것을 알고 이를 적극 활용했다. 그는 연설과 홍보용 행사(카이사르는 자주 대규모 경기를 개최하곤 했다)와 글을 적절히 섞어 활용했다. 카이사르는 여론을 다양하게 움직인 인물이었다.

적절한 동맹을 맺지 못했다면 카이사르 역시 그처럼 큰 정치적 성공을 거두지 못했을 것이다. 카이사르는 정치 활동 전 기간에 걸쳐 수많은 동맹을 맺고 또 풀었다. 하지만 그 숱한 동맹 가운데서도 특히 중요한 인물이 하나 있었다. 기원전 70년경 술라파의 일원으로 권력을 잡은 크라수스가 그 주인공이었다. 크라수스는 리더십은 부족했지만 로마의 정치 환경에서 어떠한 리더십으로도 무시할 수 없는 '재력'이 있었다. 유능한 사업가이자 로마 제일의 부자인 크라수스는 정치에 재능이 있는 사람들과 연합하여 자신의 목표를 달성해 나갔다.

카이사르는 크라수스와는 정반대로 리더십은 뛰어났지만 재산이 부족했다. 카이사르는 바로 이 점을 간파하고 크라수스와 전략적인 동맹을 맺었다. 오랜 세월 카이사르는 크라수스를 위해 일하며 그의 권력 기반을 강화시켜 주었다. 그 보답으로 크라수스는 카이사르에게 자신의 돈을 마음껏 쓰도록 했으며, 카이사르가 각종 관직 선거에 당선되도록 물질적인 지원을 아끼지 않았다.

크라수스가 차츰 권력을 얻어 가는 동안 로마에서는 또 한 사람의 야심가 폼페이우스[기원전 106~48년]가 정치의 사다리를 오르고 있었다. 폼페이우스는 몇 차례의 전쟁에서 연전연승하여 부를 쌓고, 로마에도 막대한 재정적 이익을 안겨 주었다. 또한 크라수스를 도와 검투사 스파르타쿠스Spartacus가 이끈 반란을 제압하기도 했다. 덕분에 그는 로마 정계에서 높은 명망을 얻었으나 한가지 문제가 있었다. 크라수스와의 사이가 별로 좋지 않다는 점이었다. 카이사르는 어쨌건 경쟁자이기도 한 폼페이우스를 무시할 수 없었다. 기회가 될 때마다 카이사르는 크라수스의 심기를 거스르지 않는 선에서 폼페이우스에게 선선히 주도권을 내주었다.

그러다 카이사르는 자신의 딸을 폼페이우스와 결혼시켜 공고한 동맹을 결성했다. 그러자 크라수스는 폼페이우스에 대한 의심을 접었고, 이들이 형성한 3두 정치는 로마의 실세가 되어 한동안 로마를 통치했다. 이들 셋을 묶어 낸 카이사르의 솜씨는 놀랍다고밖에는 달리 표현할 말이 없다. 하지만 세 사람의 동맹은 결국 카이사르가 로마를 단독으로 장악하는 토대가 되었다. 시간이 흐르자 카이사르는 폼페이우스를 군사적으로나 정치적으로 모두 압도했고, 크라수스마저 적절한 시기에 사망함으로써 카이사르는 로마의 일인자가 될 준비를 했다.

조직원에게 동기를 부여하라

갈리아 전쟁과 연이은 내전에서 승리를 거두기 위해 카이사르는 자신의 군대에 확실한 동기를 부여했다. 그는 사람들이 무엇에 의해 움직이는지를 직감적으로 파악했고, 타고난 능력을 아주 훌륭하게 활용했다. 부하들을 이끌고 이탈리아와 로마로 옮겨 다니며 정적들과 내전을 벌이려면, 무엇보다 그들을 움직일 만한 동기가 있어야 했다. 로마의 정의를 수호해야 한다고 말할 수도 있었고, 자신이 정권을 잡으면 많은 전리품을 얻게 될 거라고 말할 수도 있었다. 그러나 로마인들에게는 전리품이나 로마의 정의가 통하지 않음을 그는 잘 알고 있었다.

그래서 카이사르는 명예를 내세웠다. 원로원이 자신의 지휘권을 박탈하려 하자 그 일이 얼마나 큰 불명예인가를 언급하며 병사들을 자극했다. 카이사르는 병사들이 그의 불명예를 자신들의 불명예로 여기리라는 것을 익히 알고 있었다. 그가 권력에서 밀려난다면 퇴역 후에 병사들이 받기로 약정된 보상도 물거품이 될 터였다. 그러나 굳이 불명예를 운운할 필요도 없었다. 그는 병사들의 고귀한 성품에 호소하는 모습을 보이면서 실제로는 세속적인 동기도 함께 자극하는 노련한 면모를 보였다. 병사들은 투지를 불태우며 그를 따라 로마까지 진격했고, 폼페이우스와 싸워 이겼으며, 카이사르를 독재관의 자리에 올려놓았다.

자원을 확보하라

사망 당시 카이사르는 로마 최고의 갑부가 되어 있었다. 재산이 모두 8억 세스테르티우스(지금으로 치면 약 10억 달러)에 이를 정도였다. 그러나 카이사르가 부를 누린 것은 말년에 이르러서였다. 이전에는 항상 돈을 끌어 모으기 위해 아등바등해야 했다. 로마의 청빈한 가문에서 태어난 까닭에, 돈 문제에 관한 한 그는 늘 다른 사람의 도움을 빌려야 했다. 하지만 돈 한 푼을 아쉬워하면서도, 1세스테르티우스라도 더 모으려고 사방으로 뛰어다니면서도 그는 사람들에게 부유한 인상을 보이려고 애썼다.

카이사르가 정치권에 무사히 입문하고 이후 집정관이 되기까지 4차례의 선거에서 당선된 일은 크라수스의 재정적인 후원이 없었다면 불가능했다. 그러나 카이사르가 집정관을 마치고 갈리아에 지방 속주로 부임하자 더 이상 크라수스라는 존재가 필요치 않았다.

갈리아에서 근무하는 9년[기원전 58-50년] 동안 그는 수억 세스테르티우스를 모았기 때문이다. 그동안 크라수스는 이라크로 원정을 나가 파르티아(이란)와 싸우다가 기원전 53년에 전사하고 말았다. 크라수스의 죽음은 카이사르에게는 행운이었다. 그는 크라수스에게 엄청난 돈과 '선물'을 빚지고 있었기 때문이다. 크라수스는 그에게 돈뿐 아니라 호의도 많이 베풀었으며 카이사르가 진 빚은 대부분 크라수스의 돈이었다.

크라수스가 죽자 그는 단숨에 1억 7천만 세스테르티우스의 재산을 가진 로마 최고의 부자가 되었다. 그러나 카이사르는 갈리아에 군사를 유지하기 위해서는 더 많은 돈이 필요했다. 기원전 51년, 그는 11개의 군단을 거느리고 있었으며 그들의 모병 자금과 급료는 전적으로 카이사르의 주머니에서 나왔다. 로마는 속주에 주둔한 군단들이 속주를 방어해 주는 대가로 세금을 걷는 것이 관례였다. 군단 하나의 병력은 6천 명 가량이었다. 군단을 새로이 하나 창설하려면 무기, 장비, 군복 등을 갖추는 일에 5백만~1천만 세스테르티우스 정도가 들었다. 그리고 1개 군단을 유지하는 데만 1년에 1억 세스테르티우스가 들었다.

카이사르는 군대의 유지비로 해마다 어마어마한 경비를 썼기 때문에 늘 돈이 모자랐다. 카이사르가 갈리아 통치를 끝내고 로마로 혼자 돌아오라는 원로원의 명령을 거부한 이유 중의 하나는 언제나처럼 빚에 시달렸기 때문이었다. 그러나 로마를 장악한다면 그는 수억 세스테르티우스의 돈을 재량껏 쓸 수 있었다. 이 때문에 카이사르는 루비콘 강을 건너 범법자의 신분으로 이탈리아에 돌아왔고, 오래지 않아 그 자신이 법의 집행자가 되었다.

카이사르가 최초로 취한 조치는 비상시에 쓰기 위해 현금을 비축해 둔 사원 세 곳을 약탈하여 약 1억 세스테르티우스를 손에 넣은 것이다. 내전이 벌어지는 4년 동안 그는 눈에 띄는 대로 돈을 끌어모아 군비를 조달했다. 그러다 보니 암살되었을 당시에는 대단한 재력가가 되어 있었고 남겨진 그의 부는 실로 엄청났다. 카이사르는 로마 최대의 갑부였을 뿐 아니라 로마 최초의 억만장

자이기도 했다.

그러나 카이사르도 자신이 살았던 시대를 뛰어넘지는 못했다. 그가 아무리 기회를 잘 이용하고 수많은 전략적 제휴(동맹)를 결성했다 해도, 로마의 정치 제도는 변함없이 과두 정치 체제였다. 과두 정치가 가장 두려워하는 사람은 민중의 이름을 앞세워 실제로는 혼자서 권력을 휘두르려는 자이다. 그런 까닭에 포풀라레스라고 자칭하는 사람들도 결국 옵티마테스와 다르지 않았다.

로마는 카이사르를 거쳐 5백 년 동안 지속되었던 민주주의(몹시 제한된 것이기는 했지만)를 마감하고, 5백 년 동안의 1인 통치 시기를 거친 뒤 마침내 멸망하고 만다. 공화정이 꽃피었을 때 로마는 융성했으며, 이 시기의 가르침은 로마 속담에 있듯이 '모든 사람에게 영향을 미치는 일은 모든 사람이 결정해야 한다'는 것이었다. 로마 공화정이 무너진 것이 카이사르 때문만은 아니지만 실상 그의 역할은 매우 컸다. 개인의 뛰어난 재능이 사회적 재난을 빚어낸 예라고 할 수 있겠다.

변화와 혁신 그리고 조직의 제왕
구스타브 2세

구스타브 2세(Gustav II)

[1594~1632] 스웨덴의 왕. 별칭은 구스타브 아돌프. 발트 해를 자국의 내해(內海)로 하기 위하여 덴마크, 러시아, 폴란드와 싸웠으며 30년전쟁 중 뤼첸 전투에서 사망하였다. 재위 기간은 1611~1632년이다.

공략 목표를 확고히 하라

구스타브는 스웨덴에 가장 필요한 것이 무엇인지를 정확히 파악하고 일찌감치 정책 과제를 확정했다. 우선 스웨덴의 독립을 유지하려면 발트 해를 지배해야 했다. 스웨덴이 발트 해를 지배하지 못하면 주변의 다른 나라들이 호시탐탐 스웨덴을 침략할 것이다. 게다가 발트 해의 항구들을 장악하면 스웨덴은 그렇게도 열망하던 부를 단번에 얻을 수 있다. 구스타브는 자신이 설정한 목표를 차례차례 실현해 가면서 모든 결정을 주도했다.

그가 러시아와 폴란드를 공격한 이유도 단지 정복만을 위해서가 아니라 발트 해에 면한 지역을 얻으려는 목적 때문이었다. 구스타브가 30년전쟁에 개입한 것도 발트 해 때문이었고 프로테스탄트 교도들을 돕는다는 것은 부차적인 이유였다. 그는 이렇게 공략 목표를 확고히 설정해서 우선순위를 분명히 정하고 엉뚱한 길로 빠져드는 위험을 막았다.

우선순위를 설정하라

덴마크, 러시아, 폴란드를 모두 상대하는 일은 누구라도 버거운 일이었다. 다른 지도자들이 이런 상황에 놓였다면 애초에 포기하거나 3국을 한꺼번에 타도하겠다고 덤비다가 위험에 빠져버

렸을 것이다. 구스타브는 덴마크가 스웨덴을 가장 위협하는 세력이라고 판단, 두 나라 간에 산적한 문제를 현명하게 풀어 나갔다. 비록 많은 돈을 치르고서야 덴마크 내의 식민지를 지킬 수 있었지만 영토 문제가 일단락되자 구스타프는 스웨덴을 재조직하고 다른 문제들을 처리할 여유를 얻었다.

다음으로 구스타브의 상대는 러시아나 폴란드 중 하나였다. 구스타브는 러시아가 더욱 위험한 상대라는 사실을 깨닫고 러시아로 진격하여 유리하게 상황을 이끈 뒤 발트해에 세력을 확대했다. 마침내 구스타브에게는 폴란드라는 적만 남았고 그때쯤에는 스웨덴도 17세기의 열세를 극복하고 폴란드와 호각지세를 이루었다.

폴란드와 싸우는 동안 구스타브는 여러 차례에 걸쳐 30년전쟁에 동참해달라는 요청을 받았다. 하지만 폴란드와의 싸움이 끝나지도 않은 상태에서 다른 일에 손을 뻗치는 것은 부담이 있는 일이었다. 물론 그에게도 당시 세계 최대의 전쟁에 참여하고픈 마음이 있었을 것이다. 하지만 구스타브는 우선순위를 저버리지 않고 핵심 과제에 집중하여 마침내 성공을 거두었다.

구스타브는 브라이텐펠트에서 승리를 거둔 뒤 더 적극적인 행동을 펼치지 않은 데 대해 이따금 세인들의 비판을 받았다. 많은 이들은 황제 군이 격멸된 상태에서 빈으로 진군해 들어가 아예 황제위를 차지했어야 한다고 생각했다. 그러나 구스타브가 빈 점령의 유혹에 사로잡혔다면 그가 독일 국가들에 구축해놓은 거점들은 심각한 위협에 빠졌을 것이다. 결과적으로 그의 군대는 애써 설치한 병참과 통신 기지들을 모두 잃었을 것이다. 구스타브는 독일에서 자신의 지위를 강화하는 일이 우선순위임을 잘 알고 있었으며, 자신이 설정한 과제를 확실히 완수했고, 다른 일에 휩쓸리지 않았다.

파트너를 잘 선택하라

구스타브는 악셀 옥센셰르나를 총리로 임명하여 매우 효과적인 협력 관계를 만들었다. 옥센셰르나와 구스타브는 기질적으로 전혀 달랐다. 옥센셰르나가 신중한 반면 구스타브는 행동형 인간이었다. 옥센셰르나는 쉽게 화를 내지 않았지만 구스타브는 잘못된 일을 발견하면 그 자리에서 불같이 화를 냈다. 옥센셰르나는 구스타브의 부족한 면을 보좌할 역량도 있었고 신뢰할 수 있는 인물이기도 했다.

구스타브가 온 유럽을 돌아다니며 전투에 몰두하는 동안 옥센셰르나는 내정을 돌보았다. 만약 옥센셰르나라는 인물이 없었다면 구스타브는 그렇게 많은 전투를 시작하지도 못했을 것이다. 17세기에 이르러 국가 행정은 군대를 이끄는 것과 마찬가지로 전심전력을 기울여야 했다. 하지만 구스타브는 옥센셰르나와의 협력 관계가 워낙 견고했기에 자신이 잘하는 분야의 일에만 집중할 수 있었다.

구스타브는 옥센셰르나에게 무슨 일이 생기든 대처할 수 있도록 전권을 주었다. 구스타브가 군대를 현대화하는 일에 골몰하는 동안 옥센셰르나는 스웨덴 정부를 개혁했다. 옥센셰르나의 개혁으로 거듭난 스웨덴 정부는 구스타브에게 힘을 실어주는 든든한 군내 기지가 되었다. 결론적으로 옥센셰르나가 없었다면 그의 용맹함을 알려 주는 별칭인 '북구의 사자'도 있을 수 없었다.

안정적인 임금 체계를 만들어라

구스타브는 군사 활동 자금을 조달하기 위해 여러 가지 방법을 고안했다. 실제로 스웨덴의 재정만으로는 군사 비용을 다 충당할 수 없었다. 우선 그는 병사들의 급료 지불 방식을 개혁했고, 그 결과 스웨덴은 유럽 전체를 통틀어 얼마 되지 않는 진정한 의미의 직업 상비군을 보유하게 되었다. 당시에는 군인이라고 해도 늘 군대에만 있지 않았으며 완전한 직업 군인은 장교들과 급료를 받는 용병들뿐이었다.

구스타브는 군인들이 군대에 오래 남아 있도록 유도하는 방책을 마련하여 대규모 직업 군대를 유지했다. 그 방법은 지주들이 세금 대신 자신들의 농장에 군인을 받아들여 그들에게 땅과 음식과 의복을 지급하는 것이었다. 이 방법은 세금을 거둬 그 돈으로 급료를 주는 것보다 더 빠르고 간편하게 군인들의 생활 문제를 해결했다. 그리고 근무가 없는 군인들(전투가 없거나 훈련을 하지 않을 때)은 지주의 일을 거들 수도 있었다. 게다가 군인들도 국가 경제와 보다 직접적인 관계를 갖자 더욱 열심히 전투에 임했다.

구스타브는 별도로 돈을 모을 방책을 다각도로 시도했지만 그중 어느 방법도 그리 효과적이지 못했다. 결국 그는 대부분의 자금을 외국에서 차관하여 쓸 수밖에 없었다. 하지만 30년전쟁 덕분에 고민거리였던 자금 문제도 해결되었다. 구스타브의 군대는 30년전쟁 동안 일종의 보호 상납금을 받음으로써 자력갱생을 하게 됐다. 스웨덴의 군사력을 확인한 독일 국가들은 다른 군대에게 약탈당하는 일을 막기 위해 다투어 지원금을 바쳤다. 이렇게 해서 구스타브가 사망했을 즈음, 스웨덴은 경제적 번영을 누릴 수 있었다.

모든 일에 앞장서라

'솔선수범'하는 면에서 구스타브와 겨룰 만한 지도자는 당시로는 알렉산더뿐이었다. 전투가 벌어지면 구스타브는 진영의 선두에 서기를 주저하지 않았으며, 그 결과 여러 차례 부상을 입기도 했다. 그러나 그가 솔선수범을 보인 것은 전투 때만이 아니었다.

요새를 구축할 때 구스타브는 삽을 직접 집어 들고 부하들과 함께 참호를 팠고, 뤼첸 전투에서 우익군의 기병대를 이끌고 전장 한복판에서 싸웠다.

그는 부하들의 사기를 고취시키는 데 가장 효과가 큰 수단은 말 그대로 '가장 치열한 현장에 그들과 나란히 서서 행동하는 것'이라는 사실을 알고 있었으며, 또한 군대의 사기는 병력의 규모보다 더 중요하다는 것도 인식하고 있었다. 요컨대 부하들에게 무언가를 재촉하려면 구스타브 자신이 먼저 앞장서야 한다고 생각했던 것이다.

전문가를 기용하라

구스타브는 혁신 대상을 간과하는 일이 없었고 기회를 흘려버리는 일도 없었다. 16세기 말 네덜란드는 나사우의 마우리츠 Mauritz 라는 사람의 지휘 아래 스페인에 대항하여 독립을 얻어 냈다. 마우리츠는 이때 군대 조직과 편성에 몇 가지 혁신적 방법을 도입했는데 구스타브는 네덜란드 군의 혁혁한 성과를 보고 그의 전술을 연구하기 시작했다. 그는 마우리츠의 전략을 연구하는 한편, 네덜란드 군에 복무했던 장교와 병사들을 고용하는 데도 각별한 노력을 기울여 마우리츠의 전술과 혁신을 체득한 사람들을 휘하에 거느렸다.

구스타브는 과학자들도 많이 고용하여 군대에 종군시켰으며 일급 기술자들을 모아 공병 부대를 조직하여 다리와 요새 건설을 지휘하도록 했다.

그는 광부 부대라는 전문 부대도 두었는데 이들은 다른 병사들에게 요새를 짓고 다리를 놓는 기술을 가르쳤다.

조직에 적응할 인재를 선발하라

전쟁을 치르는 동안에는 구스타브는 가급적 용병을 쓰지 않았다. 여기에는 두 가지 이유가 있었다. 첫째는 용병을 고용하려면 경비가 너무 많이 들었고 스웨덴은 결정적으로 그만한 여유가 없었다. 병력 1천5백 명 정도의 용병 연대를 하나 유지하려면 1년에 1백만 리크스달러 가까운 돈이 들었다. 스웨덴의 1년 예산이 1천2백만 리크스달러인 점을 고려하면 실로 엄청난 비용이었다. 둘째로 용병들은 규율이나 훈련의 전문성에서 스웨덴 병사들보다 뒤떨어졌다.

그러나 스웨덴이 30년전쟁 참여를 결정하면서 황제 군에 대항할 만한 병력을 갖추기 위해 부득이 용병을 고용할 수밖에 없었다. 일례로 뤼첸 전투에서는 스웨덴 군의 90퍼센트 정도가 용병이었다. 구스타브는 용병 선발에도 신중을 기해서 자신이 개발한 혁신적인 군사 제도에 적응할 수 있는 사람만을 가려 뽑았다. 용병들은 대개 간섭을 싫어해서 명령에 복종하거나 고용주의 군사 제도에 순응하는 경우가 좀처럼 없었기 때문이다. 구스타브는 특히 스코틀랜드 용병을 선호했으며, 네덜란드 용병들도 그에게 큰 힘이 되었다. 구스타브는 이렇듯 용병을 고용할 때도 그들의 몸만 사지 않고 태도나 성향까지도 신중히 가려냄으로써 큰 성과를 거둘 수 있었다.

능숙하게 자신의 신념을 전달하라

구스타브는 매우 다양한 층위에서 커뮤니케이션을 시도했다. 먼저 그는 자신의 정치적인 의도를 스웨덴의 리크스다그(의회)에 전달해야 했고, 자신의 전투 계획을 장교들에게 전달해야 했으며, 자신의 믿음과 원칙을 병사들에게 전달해야 했다. 그는 이 모든 커뮤니케이션을 능숙하게 해냈는데, 특히 그가 리크스다그에서 행한 연설은 스웨덴 문학의 빼어난 성과로 인정받고 있다.

리크스다그 앞에 서면 구스타브는 의원들이 관심 갖는 문제들을 효과적으로 풀어나갔고, 더불어 그들의 적극적인 동참을 촉구했다. 그는 리크스다그 의원들 각자의 책임을 일깨우고, 스웨덴이 위대해지면 그들도 위대해지리라는 사실을 역설했다. 구스타브는 실로 당대 최고의 연설가 중 한 사람이었다. 전장에 나서면 그는 모든 부대원에게 전투의 목표를 주지시키고 전투가 시작되기 전에는 말을 타고 부대를 누비며 일일이 개별 지시를 하달했다. 그의 명령은 아주 명확해서 착오를 일으킬 여지가 없었으며 직접 국왕에게 명령을 전달받는 병사들은 사기가 크게 고취되곤 했다.

구스타브는 종교적 원칙을 중시해서 자신의 군대도 종교적인 군대가 되기를 원했다. 이러한 소망을 군 지휘관의 자격으로 내리는 공식 명령이나 문서를 통해서 전달했다. 1621년 그는 군인 생활의 전 영역을 포괄하는 야영 규범을 내렸는데, 그 안에 군인의 행동 원칙에 대한 규정들과 이 규정을 어겼을 때 받는 처벌을 상세하게 정리해 놓았다. 구스타브는 진정한 그리스도교 군대를 원했기 때문에 규율 위반뿐 아니라 약탈이나 강간 등의 행위도 단호히 처벌했다.

구스타브의 군대는 30년전쟁에 참가한 어떤 군대보다도 일반 민중에게 관대했다. 구스타브는 종군 수행원(특히 병사들의 야전 생활을 돌보고 성적 욕구를 충족시켜주는 여자들)도 금지시켰고 아침 기도와 저녁 기도를 통해서 자신의 종교적인 뜻을 전달했다. 기도에 함께 참여한 병사들은 구스타브의 종교적 신념에 대해서만은 의심을 품을 수 없었다.

구스타브는 뭐니 뭐니 해도 당대의 전투 방식을 획기적으로 혁신한 사람이었다. 혁신을 이룬 구스타브의 군대는 낡은 방식의 군대로는 당해낼 수 없는 막강한 전력을 갖출 수 있었다. 이 일은 그가 이룬 가장 주요한 위업 가운데 하나로 평가받는 부분이다. 혁신을 하기 위해 구스타프는 변화되어야 할 부분을 파악하고 획기적인 변화를 시도하고 새로운 과학기술을 도입했다. 이렇듯 남다른 노력을 기울여 군대의 변화를 이룬 까닭에 그는 지금도 '현대전의 아버지'라고 불린다.

14세기부터 각국의 군대는 화약 무기들을 쓰기 시작했지만, 전장에서 구사하는 전술은 이전과 크게 다르지 않았다. 병사들은 여전히 빽빽이 열을 지어 커다란 대오를 구축했다. 대오는 통상 1천6백 명으로 구성되었는데, 정면 길이가 1백 야드(91미터 가량) 정도 되었다. 그러면 병사들은 뒤로 스무 줄 내지 마흔 줄을 이루었고 이에 따라 대오의 앞뒤 폭은 25~50야드 정도 되었다.

규모가 큰 부대에는 두 종류의 군인이 있었다. 먼저 대오의 좌우익에는 머스킷 총을 든 병사들이 섰는데, 머스킷 총으로는 1백 미터 앞의 말과 기병을 쏠 수 있었다. 머스킷 병사들 뒤에는 창병들이 섰다. 창병들은 길이가 12~16피트(3.6~4.5미터)에 이르는 긴 창으로 머스킷 병사들이 탄약을 재장전하거나 전체 대오가 이동하는 동안 적군 기병들의 공격을 막고 보병과도 대결했다. 서로 비슷한 머스킷 창병 부대가 마주치면 이들은 머스킷 총을 쏘고 창을 휘두르는 공격으로 서로를 무너뜨렸다. 그러나 병사들이 너무 빽빽하게 섰기 때문에 맨 앞의 몇 줄 외에는 제대로 전투력을 발휘할 수 없었다.

앞서 언급한 네덜란드 장군 마우리츠는 대오의 앞뒤 열수를 줄이면 전면의 길이를 늘릴 수 있고, 따라서 적군 측에 더 많은 폭약을 터뜨릴 수 있음을 깨달았다. 마우리츠는 전투에 나서는 부대의 규모를 줄이는 대신 전면의 길이를 늘렸는데, 덕분에 마우리츠의 군대는 전장에서 기동성을 높이고 효과적인 전열을 구축할 수 있었다. 구스타브는 마우리츠의 전략이 대단히 효율적임을 깨달았다. 마우리츠의 방식을 제대로 활용한다면 규모가 작은 군대도 낡은 조직 방식을 벗어나지 못한 큰 규모의 군대를 얼마든지 물리칠 수 있었다. 마우리츠가 전술 혁명의 주창자였다면, 구스타브는 완성자였다. 구스타브는 전투에 나서는 부대의 규모를 더욱 축소함으로써 기동력을 한층 더 높일 수 있었다.

구스타브는 머스킷 총의 발사 방식도 변화시켜 당시의 어수선한 방식을 버리고 일제 사격 방식으로 쏘게 했다. 당시에는 머스킷 병사 제1열이 먼저 사격을 한 후, 머스킷 부대의 맨 뒤로 돌아가서 다음 줄이 사격하는 동안 탄환을 재장전하는 것이 일반적이었다. 이런 방식을 쓰면 총성은 멈추지 않지만 실제 화력은 대단

브라이텐펠트 전투(1631년)에서 승리한 구스타브 2세

치 못했다. 구스타브는 머스킷 부대의 앞쪽 세 줄이 동시에 총을 발사하도록 전열을 조정했다. 이렇게 해서 한꺼번에 포화를 퍼부어서 적군에 막대한 타격을 입혔다.

　여기서 더 나아가 구스타브는 머스킷 병사의 호위대 역할을 하던 창병들을 공격군으로 전환시켰다. 그때까지 창병들은 머스킷 병사들이 탄환을 장전하는 동안 그들은 방어하는 일을 했다. 구스타브는 머스킷 병사들의 일제 사격으로 적군의 대오가 흐트러지면 창병들도 공격에 가담할 수 있음을 깨달았다. 창병들의 공격군 전환을 위해 그는 창의 길이를 줄이고 창촉과 맞닿은 부분의 창대를 튼튼하게 보강하여 전투 중에 잘려 나가지 않도록 했다. 창의 길이가 짧아지자 격전 중에도 다루기가 수월해졌다.

구스타브는 기병대의 활동 방식도 바꾸었다. 머스킷 병과 창병의 활약이 커지면서 기병들은 예전처럼 보병 대열을 용맹하게 뚫고 들어가는 역할을 할 수 없었다. 지난 1천 년 동안 기병들은 보병의 대오를 깨뜨리는 임무를 효과적으로 수행해 왔지만, 이제 기병대는 전장의 주변을 서성이면서 적군을 위협하고 교란하는 일이 고작이었다. 당시의 기병 전술은 적군의 보병 대열로 말을 몰고 들어간 후 피스톨이나 머스킷 총을 쏘고 뒤로 멀찌감치 물러나와 탄환을 재장전하는 것이었으나 그리 효과적이지는 못했다.

그러나 구스타브가 새로 고안한 보병 전술은 기병들도 다시금 전투에서 큰 활약을 할 수 있는 기회를 주었다. 보병들이 일제 사격을 가해 적군에 큰 타격을 입힌 상황, 바로 그때가 기회였다. 보병들이 한바탕 사격을 끝내면 대기하고 있던 기병들이 재빨리 적진으로 뛰어들어가 이전처럼 피스톨이나 머스킷 총을 쏘았다. 분명한 변화는 그 뒤에 이어졌다. 기병들은 총을 쏜 후 전처럼 물러가지 않고 칼을 뽑아들고 적의 선두 대열을 공격했다. 머스킷 사격으로 창병의 호위벽이 무너져 버린 적군은 속수무책으로 당할 수밖에 없었다. 이것이야말로 옛기술과 신기술이 결합한 훌륭한 사례였다.

포병 부대도 구스타브의 혁신을 통해 한층 강력한 부대로 거듭났다. 우선 대포 구경의 종류를 세 가지로 축소하여 통일시키자 전장에 탄약을 보급하는 일이 한결 수월해졌다. 세 종류의 대포들 중 하나는 연대포라고 불리는 3파운드짜리 가벼운 대포였다. 가벼운 대포들이 생기자 포병대는 역사상 처음으로 기동력을 갖추었다. 또한 화약과 포환을 철망에 담아 함께 운반하는 혁신적 기술이 개발되자 연대 포들을 머스킷 총보다도 신속히 장전하고 발사할 수 있게 되었다. 구스타브의 포병 개혁은 적군에게 막대한 타격을 입혔다. 당시만 해도 대포는 최고 화력의 화약을 응축하여 쏘아 보낼 수 있는 무기였는데 스웨덴 군은 가장 적절하고 효율적인 방식으로 대포를 활용했다. 스웨덴 군이 대포를 쏘기 시작하면 적군은 고전할 수밖에 없었다.

이밖에도 그는 머스킷 총을 가볍고 안전하게 개량하여 군인들의 열렬한 환영을 받았다. 구스타브가 시도한 크고 작은 변화들은 끝이 없어서 군사혁신에 쏟은 노력에 대해서만도 따로 책 한 권을 쓸 수 있을 정도이다. 구스타브는 끊임없이 정부와 군대를 개선할 방법을 찾았고 급진적인 변화를 시도하되 시기를 잘 고를 줄 알았다. 그의 아버지도 몇 가지 똑같은 변화를 시도했으나 불행히도 폴란드와 전쟁을 벌이느라 경황이 없을 때 개혁에 손을 대는 잘못을 범했다. 그 결과는 실로 참담하기 그지없었다.

구스타브는 선대의 실패를 교훈으로 삼아 군을 재정비할 여유가 생겼을 때 개혁 과제들을 실행했다. 만약 구스타브가 40세 넘어서까지 살았다면 전쟁사와 유럽사에 더욱 큰 자취를 남겼을 것이 분명하다. 그는 우선순위를 엄격히 지키고 주변의 일에 미혹되지 않고 획기적인 변화를 수용하는 방식을 통해 여간한 사람들은 일평생을 바쳐도 하지 못하는 일을 불과 몇 년 사이에 해냈다.

Chapter 5

꿈꾸는 자,
반드시
이룬다

위대한 꿈을 현실로 만든 대왕
알렉산더 대왕

알렉산더 대왕(Alexander the Great)

[BC 356~BC 323] 마케도니아의 왕. 그리스, 페르시아, 인도에 이르는 대제국을 건설하였으며 그 정복지에 다수의 도시를 건설하여 동서 교통, 경제 발전에 기여하였다. 그리스 문화와 오리엔트 문화를 융합한 헬레니즘 문화를 이룩하였다. 재위 기간은 기원전 336~기원전 323년이다.

알렉산더Alexander | 그리스어로는 알렉산드로스 | 대왕은 2천 4백 년 전 그리스 군대를 이끌고 동방 원정에 나섰다. 그는 자신의 왕국보다 훨씬 큰 페르시아 제국을 정복하고, 나아가 광대한 지역에 걸쳐 있는 수많은 문화를 통일하겠다는 원대한 비전을 품었다. 정복하는 데 그치지 않고 문화를 통일하겠다는 생각은 당시로서는 독특한 견해였다. 알렉산더 대왕의 명성은 대개 영토 확장에서 비롯됐지만, 그는 실제로 정치 · 사회 분야의 정책을 펼쳐 인도에서 이집트까지, 북으로는 코카서스와 아프가니스탄에 이르는 드넓은 헬레니즘 문명을 탄생시킨 주역이다.

알렉산더 제국의 여러 지역은 알렉산더가 죽은 뒤 몇 세기 동안이나 그리스인의 지배를 받았다. 서로 다른 문화를 융합시킨 알렉산더의 공로는 오늘날까지도 유효하다. 알렉산더는 남들보다 넓은 시각에서 사고하고 행동한 경영자였으며 그만한 규모의 사업은 알렉산더 이전에는 성공은 고사하고 시도조차 한 사람이 없었다. 또한 드넓은 영역을 누비면서도 세부적인 일에까지 깊이 마음을 쓰는 인간적인 매력의 소유자였다.

알렉산더의 아버지인 선왕 필리포스 2세가 구축한 군대는 실력이 막강한 집단이었다. 강한 군대는 알렉산더에게 결정적인 힘이 되었다. 게다가 새 왕이 즉위한 지 얼마 되지 않은 페르시아는 왕권 교체에 따른 내전으로 몹시 어수선했다. 그뿐이 아니었다. 페르시아에 사는 그리스인들이 보고한 바에 따르면 지난 몇 세대 동안 효율성을 자랑하던 페르시아의 행정 체계가 힘겨운 교착 상태에 빠져 있었다. 요컨대 페르시아의 실상은 보기와는 다르게 조금씩 허물어지고 있었다.

막강한 군대를 지닌 젊고 힘있는 왕이라면 충분히 정벌에 성공하여 페르시아 전체를 얻을 수 있었다. 알렉산더는 자신의 원대한 이상을 그리스인들에게 심어 주었다. 그것은 아버지 필리포스가 암살되기 전까지 추진해 왔던 일이기도 했다. 그리하여 기원전 334년, 마침내 알렉산더는 3만 5천 명의 군대를 이끌고 페르시아로 진격했다. 그리고 1만 명의 병사를 뒤에 남겨 스파르타를 비롯한 다른 도시들이 행여 자신들만의 세계를 가지려 하지는 않는지 감시했다. 또한 알렉산더는 병사들의 급료를 구할 방도를 찾았다. 페르시아와 전쟁이 벌어지는 동안 알렉산더는 다양한 방법으로 재정 문제를 해결했다.

원대한 비전을 품어야 한다

필리포스가 애초에 품었던 페르시아 침공 계획은 상당히 온건한 것이었지만(그리스 식민지를 해방하고 내륙 쪽에 약간의 땅을 차지하는), 알렉산더는 목표를 한층 높였다. 그는 페르시아 전체를 원했다.

제국의 큰 덩어리에서 약간을 떼어 가면 오히려 페르시아인들의 분노와 복수심만 자극하리라는 사실을 그는 너무도 잘 알고 있었다. 그러나 페르시아 제국 전체를 정복하여 헬레니즘 세계로 만들면 그리스인들은 엄청난 힘을 얻고 페르시아라는 지상 최대의 적을 사라지게 할 수 있었다. 알렉산더는 원대하고도 논리적인 계획을 세우고 실현하기 위해 전력을 기울였다.

오늘날 규모가 작은 회사가 자신보다 큰 경쟁 회사를 합병하는 과정도 이와 마찬가지로 이루어진다. 작은 회사가 큰 경쟁사의 고객을 끌어가는 일도 자주 볼 수 있다. 쉽지 않아 보이지만 이런 일은 실제로 얼마든지 가능하다. 알렉산더가 이미 2천 4백 년 전에 그 일을 해냈듯이 말이다.

위기는 상식을 벗어나 해결하라

아버지 필리포스가 그랬던 것처럼 알렉산더도 체계적인 방식으로 자신에게 닥친 까다로운 군사적·정치적 상황을 돌파했다. 상황을 타개하는 과정에서 일견 상식에 어긋나는 듯이 보이지만 사실은 매우 신중한 해결책들도 자주 내놓았다. 예컨대 그가 페르시아로 침공해 들어간 방식이 그러했다. 그리스 군대는 육로로 이동해서 오늘날의 이스탄불인 비잔티움을 경유하여 터키 해협을 건넜다. 당연히 그 지방의 사트라프(페르시아의 지방관)가 먼저 길을 막았다. 알렉산더는 페르시아 병사의 상당수가 용맹한 용병이었음에도 당시 전투를 손쉽게 승리로 끝냈다. 알렉산더는 멀리 동쪽에 떨어져 있는 페르시아 왕이 대규모의 군대를 모아 그를 쫓아오려면 거의 1년에 달하는 시일이 걸린다는 것을 알고 있었다.

시간을 번 알렉산더는 또 다른 문제를 해결하러 나섰다.

터키 해협 부근을 관장하는 페르시아 해군은 막강했다. 알렉산더는 자신이 이끌고 온 군대만으로 페르시아 해군을 물리쳐야 했다. 하지만 그는 참으로 간단하게 이 문제를 해결했다. 페르시아의 선박이 물품을 보급 받는 지중해 동안의 항구를 모두 점령한다.

그는 많은 수병들이 먹고 마실 대규모의 식량이 커다란 항구 도시를 통해서만 보급된다는 사실에 착안했다. 그리스인들의 도시는 대부분 알렉산더의 편이었지만 적들의 도시는 정복해야 했다. 알렉산더는 1년 동안 항구 도시들을 차례로 점령했다. 많은 도시들이 쉽게 항복했고 그러자 상황을 파악한 페르시아 해군도 백기를 들었다. 알렉산더는 이어 내륙 지방 공략에 나섰다. 그는 가벼운 세금과 관대한 통치를 약속했다. 페르시아의 통치에 지쳐 있던 소아시아 사람들은 그리스인들에게 호의를 보였으며, 때로는 페르시아의 통치를 거부하고 자진해서 그리스인을 새 지배자로 맞아들였다.

기원전 333년, 페르시아의 왕 다리우스가 나타났지만 알렉산더는 이소스(소아시아의 해안 지방에 있던 옛 도시)에서 또 한 번 승리를 거두었다. 알렉산더는 오히려 새로운 군대가 오는 것을 환영했다. 전열을 정비한 페르시아 군이 이란에서 지중해 동안에 이르는 머나먼 길을 거쳐 도착하려면 이미 엄청난 힘을 소진해야 함을 알았기 때문이다. 그리하여 알렉산더는 오늘날의 이라크와 이란 지방에 있는 페르시아의 근거지로 싸우러 달려가지 않고 오는 군대를 무찌르며 중동 지방의 페르시아 영토를 계속 정복했다. 그는 마침내 이집트를 점령하고 알렉산드리아 시를 세웠다.

그동안 페르시아는 몇몇 그리스 도시에 막대한 돈을 바치며 마케도니아에 반란을 일으키라고 충동질하고 있었다(그중에는 이미 마케도니아에 큰 반감을 품고 있던 스파르타도 포함돼 있었다). 알렉산더는 페르시아의 속셈 또한 미리 내다보고 필리포스의 충신 안티파테르 장군을 잘 훈련된 1만 명의 군사와 함께 그리스에 남겨 놓았다. 안티파테르는 반란군을 간단히 제압하고 병력의 절반을 이집트에 있는 알렉산더에게 다시 보냈다. 알렉산더가 페르시아 왕과 최종 결전을 벌이려면 더욱 많은 병사가 필요할 것이라 생각했기 때문이다.

기원전 331년, 알렉산더는 바빌론(이라크)으로 이동하여 페르시아 제국 정복을 위한 마지막 결전에 돌입했다. 다리우스는 바빌론 서쪽 지역을 모두 내주겠으니 강화를 맺자고 했으나 알렉산더는 페르시아 전체를 원했다. 알렉산더는 그해 네 차례에 걸쳐 페르시아 군대와 맞붙었으며, 네 차례 모두 수적 열세를 극복하고 승리했다. 다리우스는 죽을 힘을 다해 도망쳤으나 사기가 꺾인 부하들에게 살해되어 최후를 마쳤다. 이제 온 제국이 알렉산더의 발 아래 있었다. 알렉산더는 4년에 걸친 치열한 전투와 이전까지 아무도 도전하지 못한 문제를 체계적으로 해결하여 전대미문의 위업을 달성했다.

완벽주의 기질이 성공을 보장한다

알렉산더의 아버지는 완벽주의적인 기질이 있어서 항상 철저한 준비를 강조했다. 그래서 비슷한 성향의 사람들만 기용했다. 알렉산더도 병참술 부문에서 아버지의 방식을 이어받았다. 먼 옛날, 식량과 물품을 병사들에게 보급하는 것은 쉬운 일이 아니었다. 지금도 그렇지만 당시에도 군대의 장비, 보급과 수송 방식은 군사 작전의 성패를 좌우했다.

그 당시 병사 한 사람당 하루에 2~3파운드 정도의 식량을 먹어야 했다. 그렇지 않으면 영양 부족에 시달리거나 싸움을 할 수 없을 만큼 허약해졌다. 병사들이 대개 한 명 이상 거느린 종군 수행원들(하인이나 여자친구 등) 또한 먹어야 했다. 종군 수행원이 병사들의 열 배 정도 되는 경우도 드물지 않던 시절이었다.

말이나 소들은 풀을 뜯어 먹을 수 있었지만 되도록 낮 동안에 풀을 뜯으려고 해서 날마다 그들을 먹이는 데만도 몇 시간이 걸렸다. 그러므로 짐승들에게 풀을 먹이느라 행군이 늦어지는 일을 피하려면 미리 곡식을 준비해야 했다. 그러면 짐승들은 한 시간 안에 식사를 마칠 수 있었다. 하지만 짐승 한 마리가 먹어치우는 곡식은 하루에 10~20파운드에 이르는데, 그만큼의 곡식을 미리 준비해서 싣고 가거나 특정 지역에서 구하는 일도 큰 문제였다.

이 모든 난제를 해결하는 것이 철로가 깔리기 이전 시대의 병참술이었다. 그렇다고 그 많은 식량을 매일매일 운반하며 다닐 수도 없었다. 왜냐하면 식량을 운반하는 짐승이 적절한 속도로 이동을 계속하려면 결국 식량은 날마다 짐승의 입속으로 고스란히 들어가버리기 때문이다.

짐승들에게 풀을 제대로 먹이지 못하면 속도가 떨어진다. 전투와 전투가 이어지는 상황에서 속도가 중요한 전력이었지만, 속도를 내려면 정말 많은 식량이 필요했다. 짐을 나르는 짐승 한 마리는 실제로 제 자신이 열흘 동안 먹을 식량밖에는 운반할 수 없었다. 사람도 마찬가지여서 무기나 군장을 다 빼고 가는 경우에나 20일치 정도의 식량을 운반할 수 있었다. 간단히 말해서 고대의 군대는 단지 사나흘 동안 먹을 식량 외에는 운반할 수 없었다. 따라서 대부분의 군량은 그 지역에서 조달해야 했다.

알렉산더는 두 가지 방법으로 상황을 타개했다. 먼저 그는 아버지의 방식을 이어받아 군대와 함께 이동하는(그리고 함께 먹는) 종군 수행원의 수를 엄격하게 제한했다. 다행히 그의 군대는 훈련과 규율 수준이 높은 직업 부대였기 때문에 수행원의 수를 병사당 한 명 또는 두 명으로 줄이는 데 성공할 수 있었다. 이 일을 해내기 위해 알렉산더 부자는 오랜 세월 동안 많은 애를 썼다. 공들인 보람은 전장에 나서자 곧바로 빛을 발했고, 그의 군대는 어떤 페르시아 군대보다도 빨리 이동하고 식량을 적게 소모했다.

두 번째로 알렉산더는 정보 및 외교 지원팀을 가동하여 지역에서 쉽게 식량을 살 수 있는 경로를 탐색했다. 선발 대원들은 본대보다 한발 앞서 현장에 도착하여 적절한 군량의 보급로를 찾아냈다. 알렉산더의 노련한 병참병들은 해안이나 강가의 약속된 장소에 배를 불러들여 군량을 조달하기로 했다. 알렉산더의 군량 조달 방법은 고대의 군대가 어떻게 식량 보급을 효율적으로 이뤘는지를 보여 주는 사례로 아직도 군 역사가들의 연구 주제가 되고 있다. 그는 모든 일을 이처럼 완벽하게 준비했다.

효과적으로 전달하라

현대 대중 매체가 등장하기 시작한 19세기 이전에도 장군들은 명령을 내리고 메시지를 전달하는 일을 매우 중요시했다. 알렉산더는 홍보 활동에 각별히 신경을 써서 그리스 본토의 사람들에게 공식 서한을 보내고 페르시아의 새 백성들에게 신중히 작성한 명령서를 내려보냈다. 그가 살아 생전에도 많은 사람들의 존경과 지지를 받은 이유는 엉성했지만 나름대로 효과적이었던 홍보 활동 덕이 크다. 알렉산더는 또한 역사가들을 전투에 함께 데리고 갔는데 오늘날 우리가 그의 행적과 방식에 대해 많이 알고 있는 것도 그 덕분이다.

타인을 '내 사람'으로 만들기

마케도니아의 귀족들은 성품이 소탈하기로 유명했다. 그들은 신분이 낮은 자들과도 허물없이 어울렸으며 사치스런 옷차림을 하고 평민들을 멀리하는 외국 귀족들을 경멸했다. 마케도니아의 풍습이 몸에 밴 덕택에 알렉산더는 군대의 막대한 충성을 얻을 수 있었다. 지도자라면 으레 어느 정도는 거만하다고 여기던 그리스인들도 한번 접해본 뒤에는 그에게 반하곤 했다.

알렉산더는 자신의 지배 스타일을 그리스인들이 익숙한 방식으로 바꾸었다. 대부분의 그리스 도시에서 행해지던 민주주의를 펼쳐 그리스인의 민심을 얻으려고 애썼다. 권력은 절대 당연히 주어지는 것이 아니며 권위를 저절로 부여받는 경우는 없다. 권력이든 권위든 누구나 잠시 활용할 기회를 갖는 것뿐이다.

한편, 전사에게 용기는 장점이 아니라 필수 덕목이다. 알렉산더는 아버지에게서 용기를 물려받았고 용맹함은 아버지를 능가했다. 알렉산더는 주요 공격이 벌어질 때 진영의 맨 앞에 나섰다. 그러다 보니 많은 부상을 입기는 했지만, 신중히 선발하고 훈련시키고 사기를 드높인 수백 명의 개인 호위대와 정예 타격대 덕분에 숱한 전투에 이겨서 살아남았다.

알렉산더 스스로 치열한 전투가 벌어지는 전장 한복판으로 뛰어든 이유는 그런 행동이 전체 군대의 사기에 큰 힘을 준다는 것을 알고 있었기 때문이다. 또한 수행 기병대[호위대]가 옆에서 죽기를 각오하고 싸울 것임을 확신했기 때문이다. 알렉산더는 용맹했지만 용맹한 나머지 무모해지는 어리석음은 범하지 않았다.

또 알렉산더는 군사적·정치적 정복만 추구하지 않고 문화적 통일까지 이루려 했다. 알렉산더는 마케도니아인이면서도 그리스 문화 전체를 포용했다. 그는 페르시아 제국을 무력으로 정복한다고 모든 일이 끝나는 것은 아니라고 생각했으며 페르시아인에게 그리스 사상[헬레니즘]을 불어넣고자 했다. 문화적 통일을 이룸으로써 페르시아 영토 내의 수많은 문화권을 장기적인 동맹 세력으로 삼으려 했던 것이다. 그러기 위해서는 먼저 다른 문화의 운용 원리를 이해하고 그리스 문화를 타민족이 수용할 수 있도록 변용시켜야 했다.

알렉산더는 명민한 학생처럼 정복한 민족들의 실상을 세세한 부분까지 탐구하여 이해했고 외국인이어도 유능하면 요직에 등용했다. 그는 자신이 이끄는 그리스 병사들에게 외국 여자를 아내로 맞으라고 권했으며, 50개도 넘는 도시를 세워 그리스 이주민과 지역 원주민들을 함께 거주시켰다.

알렉산더는 그가 세운 새 거류지들이 그리스 문화와 사상을 전파하는 훌륭한 다리가 되리라는 것을 알았다. 50여 개의 도시들은 대부분 그가 죽은 뒤에도 유지되었고 아직까지 남아 있는 도시도 많다. 알렉산더의 정복 활동이 그토록 오래 영향력을 발휘해온 이유는 그가 완벽한 계획을 세웠고 그 계획을 실현하기 위해서 모든 일을 체계적으로 실행했기 때문이다.

오늘날의 경영자들도 기업 인수·합병이 벌어질 때 똑같은 문제에 봉착한다. '정복 당한' 기업에도 그들 고유의 문화가 존재하는 법이다. 그들에게 새로운 문화를 무조건 강요한다면 조직은 불안정해진다. 갑옷을 입고 칼을 휘두른 2천 4백년 전의 경영자, 알렉산더. 20세기의 경영자들은 그의 생애를 통해 실로 많은 것을 배울 수 있다.

상황 판단력이 뛰어난 인재를 확보하라

지휘관의 능력을 보여 주는 지표는 바로 부하들의 능력이다. 알렉산더는 고대 그리스가 배출한 수많은 인재를 충분히 활용했다. 군대의 핵심 사령관들은 그의 아버지 필리포스가 앞서 교육시킨 마케도니아인들이 맡았지만 기술적이고 외교적인 분야에는 그리스인들도 기용했다. 알렉산더는 페르시아가 향후 어떤 제의를 할 것인가를 연구하는 팀까지 만들어서 연구 결과를 신속하게 작전에 응용했다.

알렉산더는 평생 인재를 발굴하고 잘한 자와 못한 자를 가려 정확히 상벌을 내리려고 노력했다. 알렉산더가 죽은 뒤 제국은 분열되었지만, 유능한 부하들은 마케도니아의 후신인 몇몇 왕국을 그 후 수 세기 동안 이어나갔다. 또한 패망한 페르시아 제국에 미친 그리스의 영향력은 그보다도 더 오랜 세월 이어져 오늘날까지도 흔적을 남겼다.

특히 알렉산더의 능력 중 가장 훌륭한 능력을 들자면 상황을 재빨리 파악하고 그 즉시 가장 적합한 행동을 취한 능력이라고 할 수 있다. 이 능력은 수백 년 동안 여러 명칭으로 불렸지만, 오늘날에는 '상황 인식력'이라고 표현한다. '상황 인식력'이라는 용어는 전투기 조종사 중 적기를 다섯 기 이상 격추시킨 '에이스'가 된 사람들과 격추는 피했지만 적기에 대한 공격은 별로 행하지 못한 '단순 생존자'들이 어떤 점이 다른가를 연구하는 과정에서 나왔다.

연구 결과 에이스들은 공중전이니만큼 무섭도록 급박하게 변하는 상황을 재빨리 판별하고 뒤이어 지체 없이 적절한 행동을 취한다는 사실이 밝혀졌다. 후속 연구에서는 보잘 것 없는 상황

인식력도 어느 정도 계발될 수 있다고 드러났다.

알렉산더는 상황 인식력이 뛰어났으며 그처럼 뛰어난 상황 인식력을 가진 사람들을 곳곳에 배치했다. 사회 각 분야에서 성공을 거두는 사람들은 그 직업이 외환 딜러건 야구 선수건 간에 한결같이 상황 인식력이 탁월한 사람들이다.

천부적인 재능을 골고루 타고난 데다 후천적으로도 많은 능력을 습득한 알렉산더는 어느 모로 보나 뛰어난 지도자이며 유능한 경영자였다. 그가 지닌 갖가지 능력을 깊이 살펴보면 오늘날의 경영자들은 유용한 교훈을 얻을 수 있다.

알렉산더는 유리한 상황을 재빨리 포착했고 그 상황을 잘 활용하여 크나큰 성공을 이루었다. 알렉산더는 유능했지만 완벽하지는 않았다. 그는 왕이었고 왕 노릇을 톡톡히 할 때가 많았다. 하지만 당시 왕이라는 직책의 특성상, 알렉산더 역시 비열하거나 난폭할 때도 있었다.

그러나 어떤 특성이 악덕이냐 미덕이냐 하는 것은 그가 선 지점이 어디이며 또 어느 시대 사람이냐 하는 데 달려 있다. 알렉산더는 어릴 때부터 무엇인가를 획득하려면 수단과 방법을 가리지 않고 돌진해야 한다고 배웠다. 그는 소년 시절, 아버지 필리포스가 다른 여자들에게서 낳은 아들들이 있다는 사실이 신경쓰였다. 그래서 아버지에게 맏아들인 자신이 분명히 왕위를 계승할 수 있느냐고 물었다. 그러자 필리포스는 알렉산더에게 불명확하지만 매우 유용한 조언을 해 주었다.

"얘야, 네가 이 왕국을 놓고 누군가와 다투게 된다면 명예롭고 칭찬받을 만한 행동을 해서 나 때문이 아니라 너 자신 때문에 왕국을 얻을 수 있도록 하거라."

알렉산더는 기원전 323년 말라리아로 짐작되는 열병에 걸려 죽었지만, 그가 이룩한 업적들은 그 후 수 세기 동안 생명력을 유지했다. 그가 죽은 지 2백 년이 못 미쳐서 로마가 그리스와 마케도니아와 동쪽의 많은 영토를 정복했다. 하지만 그로부터 6백 년 가량의 세월이 흐른 뒤 로마제국은 동쪽의 그리스어 사용 지역을 빼고는 멸망해 버렸다.

아프가니스탄처럼 내륙 깊은 곳에 위치한 나라에 사는 여러 부족들은 아직도 외국의 침략자였던 알렉산더를 칭송한다. 그는 아주 오랜 옛날 이전에도 이후에도 아무도 해내지 못한 일, 바로 아프가니스탄 정복을 해낸 사람이었기 때문이다.

속전속결로 상대를 제압한 황제
칭기즈 칸

칭기즈 칸(Chingiz Khan)

[1162~1227] 몽골 제국의 제1대 왕. 본명은 테무친. 한자식 이름은 성길사
한(成吉思汗). 몽골족을 통일하고 몽골 제국의 칸이 되었다. 중앙아시아를
평정하는 한편, 서양 정벌로 동서양에 걸친 대제국을 건설했다. 재위 기
간은 1206~1227년이다.

중앙아시아의 유목 전사 부족인 몽골족은 13세기 칭기즈칸(아명 테무친, 鐵木眞)의 지휘 아래 통일을 이루고 아시아 지역 대부분을 정복하고 유럽과 중동 지방에까지 세력을 뻗쳤다.

몽골족 최대의 무기는 속도였으니 그들은 전장에서도 전장 밖에서도 모든 일에 속도로 승부했다. 몽골족은 조직이 체계적이고 규율이 엄격했다.

이들이 구축한 체계가 몇 세기 동안 이어졌다는 사실을 고려하면 몽골족이 그저 한순간의 군사적인 용맹으로 대제국을 건설한 것이 아님을 알 수 있다. 당시의 몽골족이 거칠고 상스러운 야만족 무리였다는 편견을 품는 사람들도 있지만 이는 오해에 불과하다. 세계 최고 수준의 전략을 사용할 줄 몰랐다면 몽골족은 애당초 그처럼 거대한 위업을 달성할 수 없을 것이다.

칭기즈칸은 모든 일에 속도를 내고자 했으며 매사에 민첩하게 대처했다. 몽골족은 원래 전투 중에 놀라운 민첩성을 발휘하기로 유명했다. 칭기즈칸은 시간을 낭비하지 않았다. 한 발짝이라도 더 나아가려는 정열적인 정복자의 조바심도 한몫 했다. 하지만 그보다는 적들의 예상을 앞질러 움직이면 막대한 이익이 생긴다는 사실을 간파했기 때문이다.

칭기즈칸은 원정 초기에 기병만 썼으나 나중에는 보병도 많이 썼다. 그럼에도 불구하고 칭기즈칸은 항상 적들보다 빨랐다. 몽골족이 그렇게 놀라운 속도를 발휘한 이유는 그저 장수들의 지휘 스타일이 급해서만은 아니었다. 몽골 군대가 규율이 잘 잡혀 있었고 조직도 체계적으로 편성되어 있었으며 장교들의 계획 수립 능력도 뛰어났기 때문이다. 또한 유목 생활을 하는 민족이라 본래 움직임이 민첩하기도 했다. 사냥에 많은 시간을 바치는 몽골족에게 민첩성은 바로 목숨 그 자체였다. 날랜 사냥감을 잡지 못하는 사냥꾼은 굶주림을 견뎌야 하기 때문이다.

중앙아시아의 부족들은 목축을 중요한 생계 수단으로 삼았다. 그래서 날씨가 변했을 때 풀을 뜯을 수 있는 다른 지역으로 얼른 가축들을 옮기지 않으면 가축들은 굶어 죽거나 가혹한 날씨에 시달리다가 죽을 수밖에 없었다.

칭기즈칸은 이런 유목민의 오랜 전통을 전쟁 기술로 응용했다. 몽골족 특유의 민첩성은 전투의 승패를 가르는 관건으로 작용했다.

칭기즈칸의 목표는 분명했다. 모든 것을 얻는 것, 그는 목표를 향해 지체 없이 움직였다. 1185년 그는 직속 부족의 칸(왕)이 되었다. 그러나 2년 뒤 벌어진 전투에서 일생을 통틀어 몇 차례 되지 않는 패전을 겪고, 7년 동안 중국 등지에서 망명 생활을 했다.

예로부터 중국인들은 몽골의 망명자들을 따뜻이 맞아들이고 도움을 베풀어 몽골인들의 내분을 지속시켰다. 몽골의 중국 침략을 막으려는 의도였다. 칭기즈칸은 중국인들의 이런 생각을 역이용했다. 그는 망명 생활 동안 힘을 키웠고, 추방에서 풀려난 뒤 10년 동안 몽골 부족들을 차례로 정복하여 군대를 길렀다.

1206년, 몽골인들은 그를 칭기즈칸으로 추대했다. 칭기즈칸이란 칭호는 '몽골인의 위대한 왕'이라는 뜻이지만 정복 가능한 모든 세계의 왕이라는 뜻도 담겨 있었다. 칭기즈칸은 우선 투르크족 정벌에 나섰다. 1210년에 이르자 허다한 투르크족이 칭기즈칸에게 무릎을 꿇었고, 중국은 그제야 자신들이 호랑이 새끼를 키웠다는 사실을 깨달았다.

중국과 몽골의 선린善隣 관계는 순식간에 깨졌고 이듬해 칭기즈칸은 중국 북부 지방으로 진출했다. 참고로 그때까지 어떤 중앙아시아 부족도 중국을 정복하지 못했다. 칭기즈칸은 이전까지의 몽골족 정복자들과는 달리 우수하고 독특한 기술과 방책들을 적극 활용했다.

당시 칭기즈칸이 거느린 군대로 중국을 정복하기에는 그 수가 부족했다. 그러나 그는 수적 열세에 기죽기는커녕 더욱 기세등등하게 중국의 3대 왕국 공략에 나섰다. 아니, 중국 땅의 1억이 넘는 인구와 전쟁을 벌였다는 표현이 더 적절할 것이다. 길고 긴 싸움이 무려 두 세대에 걸쳐서 벌어졌다. 칭기즈칸의 후손들은 그가 건설한 토대 위에서 이후 2세기 동안이나 정복 활동을 계속해 나갔다.

오늘날 역시 경영자들은 물론 일반인들도 민첩성에 유념하여 모든 일을 해나간다면 좋은 성과를 올릴 수 있을 것이다.

인센티브제로 충성심을 사라

칭기즈칸은 몽골족 무사들이 겉으로는 명예와 모험을 강조하지만 실제로는 몽골족 무사들이 약탈에 큰 기대를 걸고 있다는 사실을 잘 알고 있었다. 중앙아시아 평원에는 약탈할 만한 대상이 별로 없었다. 가축이나 말, 여자가 주된 약탈의 대상이었는데 이를 얻으려면 자신들과 다를 바 없이 사나운 다른 유목민들과 싸워야 했다. 이 때문에 유목민 부족들은 서로 뺏고 빼앗기는 싸움을 멈추지 못했다. 칭기즈칸은 '인적 드문 평원을 지나면 이루 말할 수 없는 풍요의 땅이 우리를 기다리고 있다'고 병사들을 부추겼다.

그는 유래가 드물 만큼 큰 규모의 병력(최고 10만 명)을 동원하여 정착민들의 땅을 공격했다. 그리고 약탈에 굶주린 칭기즈칸의 병사들은 이전까지 꿈도 꿔본 적 없는 재물을 손에 넣었다. 칭기즈칸은 새로 얻은 재물을 면밀히 파악했고 누가 그것들을 차지하는지도 잘 살펴보았다. 자칫하다간 전리품 때문에 병사들 간에 다툼이 생길 수도 있었다. 그는 평소 충분한 물품을 확보해 두고 있다가 병사들의 사기가 떨어져 격려가 필요할 때 전리품을 나누어 주는 방법을 사용했다.

칭기즈칸의 군대는 규율이 잘 잡혀 있었기 때문에 약탈 방식도 매우 체계적이었다. 그는 약탈을 통해 병사들의 사기를 지속시키는 한편, 적이나 잠재적 동맹 세력에게는 거절하기 어려운 제안을 했다.

새로운 영토에 들어서면 칭기즈칸은 으레 다음과 같은 말을 했다.

"지금 즉시, 완전히 항복하지 않으면 절멸 絶滅 을 각오하라."

저항하는 도시나 부족은 손을 써볼 새도 없이 초토화되었다. 소문이 퍼지자 용맹심을 자랑하던 상대들도 부담을 이기지 못하고 금세 항복하곤 했다. 칭기즈칸은 부하들의 사기가 떨어지면 전리품으로 격려하는 인센티브제로 충성을 지속시켰다. 그러나 칭기즈칸의 심기를 거스르는 지역에는 어김없이 살육과 약탈을 자행했다. 타협이란 있을 수 없었다. 칭기즈칸을 거스르는 자에게는 죽음만이 있을 뿐!

칭기즈칸식 충성 채널을 맞춰라

중앙아시아의 부족들은 전통적으로 충성loyalty 을 중요한 덕목으로 여겼지만 아무에게나 충성을 바치지는 않는다. 이들은 개인의 가문 내에서는 충성 문화가 강했지만 씨족이나 부족 단위로 넘어가면 점차 충성도가 약해졌다. 그러다 보니 반역과 유혈 분쟁, 복수가 끝없이 꼬리를 물었다. 칭기즈칸은 이 불행한 사태를 종결짓기 위해 씨족과 부족 단위를 넘어선 새로운 형식의 충성 이념을 확립했다.

먼저 칸으로서의 권위를 확고히 세우고 칸 자신뿐 아니라 최측근 참모인 장교들에게도 충성을 바치도록 했다. 또한 부족 감정을 희석시키기 위해 부대마다 출신 부족이 다른 병사들을 함께 배치했다. 개중에는 같은 부족 출신의 병사들로만 구성된 부대도 있었지만 그들은 초기부터 칭기즈칸에게 충성을 맹세한 부족 출신이었다.

군대에 비몽골 출신 병사들이 점점 늘어나자 개별적으로 충성이 강한 부대나 몽골 장교들의 지휘 아래 그들을 배치하는 일도 잊지 않았다. 칭기즈칸은 가문 우선주의와 싸워나가는 한편, 가문끼리의 유대 관계도 잘 활용했다. 그는 각 가문의 대표들을 철저히 감시했고 개인적인 충성을 바치도록 장려했다.

그런 뒤 대표들을 장악하면 전체 가문의 충성을 얻기는 식은 죽 먹기였다. 충성을 쌓았던 자가 배신을 하면 그에게 돌아오는 것은 오직 죽음뿐이었다. 때로는 당사자는 물론이고 온 가문이 멸절滅絶되기도 했다.

다각도로 조직의 충성심을 고취시켜야 하는 현대의 경영자들, 특히 새로운 조직을 움직여야 하는 사람들에게 칭기즈칸의 방식은 유용하다. 오늘날에는 기업이 다국적화하고 통신 체계가 발달하여 전통 개념을 벗어난 새로운 충성 개념을 수립할 채널이 훨씬 많아졌다.

조직을 일심동체로 만드는 비결

몽골인들의 전투 방식은 사냥에서 체득한 방법을 응용한 것들이다. 목축이 아니면 사냥으로 식량을 해결했던 탓에 몽골인들에게 사냥은 곧 막중한 생업이었다. 일단 사냥을 나서면 누구든 엄격한 규율에 따라야 했으며 사냥을 이끄는 지도자는 혹독한 처벌로 복종을 강요할 수 있었다. 이 방식은 전장에까지 그대로 이어졌다. 칭기즈칸은 몽골의 전통적인 규율을 전군에 고스란히 적용했다.

물론 지역의 관습에 따라 약간씩의 변형은 허용했다. 비몽골 출신 병사들이 늘어나도 각 부대의 지휘관만큼은 특유의 규율을 이해하고 집행할 수 있는 몽골인으로 제한했다.

대오를 이탈하는 기병들은 그 자리에서 즉각 처형되었다. 이처럼 엄하고 혹독한 군율을 목격하면 부대원들의 응집력은 강해졌다. 그들이 투르크인이건 중국인이건 이란인이건 유럽인이건 상관없었다.

당시에는 세계 어디에도 규율을 제대로 갖춘 군대가 드물었기 때문에 칭기즈칸의 병력은 상당한 우위를 확보할 수 있었다.

다국적 기업의 경영자가 칭기즈칸 군대의 규율 수립 방식을 익힌다면 많은 도움을 얻을 것이다. 물론 현대에 사용하기 어려운 대책도 있지만 효과가 입증된 규율 체계를 지역의 관습에 맞게 변형하는 일은 충분히 본받을 만한 가치가 있다.

정치적 협상술로 적을 굴복시켜라

칭기즈칸은 능수능란한 정치인이었다. 그가 구사한 정치적 기술의 뿌리는 몽골의 족장들에게 전통적으로 전해 내려온 것이었다. 하지만 그는 비몽골인의 책략에 숨은 의미를 파악하는 데도 결코 더디지 않았으며 눈앞에 다가온 정치적 기회를 잡는 능력도 뛰어났다. 칭기즈칸은 적진의 내분을 바로 포착하고 반목하는 각각의 집단과 접촉하여 동맹 관계로 받아들이거나 격파하는 데 능했다. 중앙아시아의 부족들뿐 아니라 남쪽의 문명국들을 상대할 때도 마찬가지였다.

적대 세력에게는 '항복' 아니면 '죽음'을 요구하는 몽골의 원칙이 잘 알려져 있어 칭기즈칸은 몽골 군사를 전혀 수행하지 않고도 유리한 입장에서 타국인들과 협상을 벌일 수 있었다. 칭기즈칸은 자신이 지닌 자원을 극대화시켜 활용했는데 특히 동맹 세력이나 적대 세력과 정치적 협상을 할 때 빠른 판단력과 민첩한 대응은 많은 도움이 되었다.

몽골족은 고대의 군대들이 흔히 그랬듯이 전통적으로 합리성에 기초하여 군대를 조직했다. 부대는 각각 열 명, 백 명, 천 명, 그리고 만 명 단위로 편제되었다. 또 각각의 단위마다 지휘관이 있었으며 큰 단위의 부대에는 작은 규모나마 참모진이 구성되어 있었다. 칭기즈칸은 조직 체계를 보완하고 또 보완하여 마침내 전 몽골군의 표준을 만들어 냈다. 조직 체계의 표준을 마련하자 장교와 병사들을 훈련시키는 일이 훨씬 쉬워졌다.

군 조직이 표준화되어 있으면 유망한 신임 지휘관을 다른 부대로 파견하는 일도 쉬워지고, 파견된 지휘관이 새 부대의 조직 상황을 알기 위해 전전긍긍할 필요도 없다. 게다가 각기 다른 부대를 이끌 때에도 어떤 전술을 구사하면 어떤 결과가 나올지를 미리 예측할 수 있다.

정보를 수집하는 것도 중요하지만 그 정보를 일선에 있는 지휘관들에게 빨리 전달하는 일도 중요하다. 칭기즈칸은 수많은 밀정과 원격 정찰대를 활용하여 정보 수집 활동을 했다. 이는 당시의 지휘관들에게는 흔한 일이었다. 몽골족의 정보 체제가 효과를 거둘 수 있었던 이유는 당시로서는 독보적이었던 통신 전달 제도 덕분이다. 몽골족의 통신 제도는 19세기 미국의 포니 익스프레스Pony Express 제도와 비슷했다.

몽골인들은 25~50마일 정도의 간격을 두고 역참을 설치했다. '인증패(나무판에 조각을 새겨서 들고 다니던 공식 통행증)'를 소지한 자는 역참에서 새 말과 필요한 물품을 얻을 수 있었다. 편지를 들고 달려가는 전달병에게 역참만큼 긴요한 것은 없었다. 다음 역참에 도착하기에 앞서 뿔나팔을 불면 역참에서는 말과 안장을 미리 준비해 놓고 기다렸다. 이 방식으로 달려가면 하루에 2백 마일 이상을 갈 수 있었다. 극히 중요한 편지를 전달할 때는 새 전달병이 편지를 이어받아 달렸다. 이를 위해 역참마다 몇 명의 예비 인력을 두었다. 그러면 하루에 4백 마일 이상을 너끈히 달릴 수 있었다.

통신 전달 제도 덕분에 칭기즈칸과 그의 장수들은 광대한 영역에 퍼져 있는 군대를 마음먹은 대로 통제할 수 있었다. 그뿐 아니라 광범위한 지역에 흩어진 군대를 연결하여 빠른 시간 내에 전투군을 조직할 수도 있었다. 당시에 대부분의 통치자들은 밀정이나 인근 지역에서 온 여행자들을 통해서 적국의 군사 상황을 알아냈다. 하지만 밀정이나 상인들에게 물어보는 낡은 방식으로는 도저히 발빠른 몽골족을 당할 수 없었다.

칭기즈칸은 공략 대상국이 낌새를 알아채기 한참 전에 이미 주요 전투체제를 조직하곤 했다. 농촌이나 도시에서 생업에 종사하는 사람들을 불러모아 군대를 일으키려면 수 주일 걸리는 것은 보통이다. 몽골족이 예고없이 들이닥치면 공격당한 쪽은 힘겹게 방위군을 모으다가 총력군을 구성하기도 전에 박살나고 말았다. 요컨대 몽골군에게 몇 배의 힘을 더한 비결은 바로 '속도'였다.

사후 관리도 빈틈이 없어야 한다

칭기즈칸은 정복지마다 훌륭한 조직 체계를 도입했다. 말하자면 거대기업의 자회사들을 탁월하게 관리한 것이다. 그는 소수의 몽골족과 투르크족을 비롯한 중앙아시아 부족 행정관에게 감시 역할을 맡기고, 정복지를 다스리는 일은 지방 관리에게 맡겼다. 주요 도시에는 몽골족 주둔병을 배치하고 정복지의 군대는 몽골의 야전군에 편입시켰다. 그러면 비몽골족 군대들은 최강의 군대와 한편이 되어 승리에 따르는 약탈에도 함께 참여할 수 있었다.

비몽골족 군대는 대개 보병이거나 공성 攻城 부대였다. 몽골의 기병들은 뛰어난 기동력으로 전장을 휩쓸어 적들을 성벽 안으로 몰아넣었고, 뒤이어 비몽골족 군대가 임무를 넘겨받아 공성에 들어갔다.

공성은 때에 따라 몇 달이 넘도록 계속되기도 했고, 굴 파기 등의 수많은 공사를 동반하는 작업이었기 때문에 기마병들에게는 결코 달가운 일이 아니었다. 칭기즈칸은 이처럼 군대의 편성이나 배치, 공격 순서까지도 용의주도하게 관리했다.

전투가 없을 때에도 칭기즈칸은 발빠른 통신 체계와 광범위하게 파견할 밀정 그리고 유능한 참모진의 도움을 받아 재빨리 정세를 파악했다. 그리고 그 결과를 토대로 적들이 대응할 시간을 갖기 전에 새로운 명령을 내렸다. 몽골족이 거둔 성공의 핵심에는 언제나 민첩성이 있었고 그것은 정복지를 다스리는 면에서도 마찬가지였다.

뛰어난 용병술이 조직을 발전시킨다

몽골족은 어린 시절부터 전투 훈련을 받으며 자라났다. 몽골족이 가장 즐겨 쓴 무기는 겹활이었는데 성능은 큰활과 같았지만 길이가 짧아서 말을 타고도 쏠 수 있었다. 큰활과 마찬가지로 겹활을 쏘는 데는 1백 파운드 넘는 힘이 필요했다. 이 때문에 어릴 때부터 훈련을 하지 않으면 활 시위를 당기기도 어려웠다.

몽골족이나 투르크족의 성인 남자들은 대부분 겹활을 능숙하게 다루었지만, 칭기즈칸은 어떤 적과 싸울지 모르는 상황에서 궁수들만 뛰어나다고 승리할 수 있는 건 아니라고 판단했다.

그래서 전통적인 몽골군에 갑옷으로 무장한 채 창과 칼로 상대 보병을 섬멸하는 '중무장 기병들'을 추가로 확충했다. 기마병들이 활약하기 어려운 도시 지역이나 지형이 거친 지역에 들어서면 그는 비몽골 출신의 보병과 공병(공성전에 대비), 수병(상륙 작전에 대비)을 활용했다. 때로는 원시적인 화약을 사용하여 대포와 로켓을 쏘기도 했다.

강경하게 저항한 도시의 주민들을 학살할 때에도 기술자와 직공들, 그리고 빼어난 미인들은 미리 골라서 살려 두었다. 몽골족은 새로운 과학기술의 중요성을 알고 있었고 칭기즈칸은 더욱 더 잘 알고 있었다. 그러다 보니 군사적으로나 기술적으로나 몽골족에게는 도저히 당할 길이 없었다. 흔히 역사가 뒷걸음했다고 평가하는 중세 시대에도 많은 기술적 진보가 있었다. 이런 기술적 진보를 가장 잘 활용한 '최고의 혁신가'들은 아이러니하게도 우리가 미개하다고 여기는 '야만족' 몽골이었다.

사람을 다루는 기술은 리더의 핵심 능력이다

다른 위대한 지도자들과 마찬가지로 칭기즈칸 역시 사람을 다룰 줄 알았다. 그는 신중하고 정확하게 친구와 적을 가려냈다. 칭기즈칸은 일찍이 어린 시절부터 사람을 파악하는 일에 실패하면 치명적인 결과가 나온다는 사실을 체득했다.

칭기즈칸의 아버지는 이웃 부족의 '친구들'에게 독살당했다. 나중에 칭기즈칸은 잊지 않고 아버지를 살해한 타타르족을 멸족시켰다. 칭기즈칸에게 몽골족이나 투르크족을 다루는 일은 상대적으로 쉬웠다. 그들의 생활 방식과 사고 방식을 잘 알고 있었기 때문이다.

그러나 칭기즈칸이 탁월한 수완을 발휘한 것은 '문명인'들을 상대하는 때였다. 몽골 남쪽의 지역들은 몽골군이 들어오자 대부분 재빨리 항복했다. 칭기즈칸은 그들 중 누구를 신뢰하고 누구를 처단해야 하는지 또 누가 감시 대상인지 철저히 가려냈다.

피정복민 중에서 능력 있고 신뢰할 만한 사람을 뽑아 행정을 맡기는 일은 아주 중요했다. 이 일을 제대로 하지 못하면 정복지마다 주둔병을 두어야 하기 때문에, 몽골족은 정복 활동을 계속할 만한 규모의 군대를 유지할 수 없다. 몽골군에는 비몽골 출신 병사도 많았지만 그들을 믿고 주둔병으로 맡겨둘 수는 없었다. 그래서 그들은 몽골족으로 이루어진 소규모의 주둔병을 남겨, 마치 '올가미에 이어진 줄'처럼 그들을 활용했다.

지역 주민들이 주둔병을 공격하면 소수의 몽골군은 쉽게 격파되었다. 칭기즈칸은 어김없이 돌아와 그 지역 주민을 몰살시켰다. 하지만 칭기즈칸은 지역 주민들과 평화를 유지하며 몽골 군대에 돈과 물자를 보급하도록 하는 쪽을 선호했다. 그래서 칭기즈칸은 대인 기술을 발휘하여 지역 명망가 중 몽골을 대신하여 그 지방을 관리할 유능하고 충성스런 사람을 뽑았다. 그는 비몽골인들에게 지휘관과 외교 사절 같은 중책을 맡길 때에도 똑같

은 기술을 활용했다. 사람을 잘 파악하고 다루는 능력이 칭기즈
칸에게 없었다면 몽골군은 그렇게까지 큰 제국을 이루지 못했을
것이다.

'냉혹함'으로 상대를 압박한다

칭기즈칸의 성공의 뒷면에는 살해와 대량 학살 정책도 있음은
간과할 수 없는 사실이다. 이 점에서 보면 몽골족은 20세기의 나
치나 공산주의자들보다도 훨씬 잔혹했다. 나치와 공산주의자들
은 20세기 초에 1억 명이 넘는 사람을 죽였다. 이 엄청난 숫자는
당시 세계 인구 25억 가운데 4퍼센트를 차지한다.

그러나 몽골족은 지구상의 인구가 3억 6천만 명밖에 되지 않
을 때 무려 5천만에 육박하는 사람의 목숨을 빼앗았다. 이 숫자
는 당시 전체 인구의 12퍼센트에 해당한다. 몽골족은 20세기의
나치와 공산주의자들보다 세 배나 더 흉폭했으니, 우리가 아직도
몽골족을 광포한 무리로 생각하는 것도 어찌 보면 당연하다.

중앙아시아의 부족들은 항상 대량 학살의 위협 속에서 살았다.
학살은 당시로서는 흔한 일이었으며 누군가 다른 씨족 사람의 손
에 죽으면 죽은 사람의 씨족민은 살해자의 씨족을 죽여 원수를
갚았다.

이 끝없는 피의 복수는 상대를 멸절시킬 때까지 끝나지 않았

다. 상대 씨족의 성인 남자들만을 죽이고 여자와 아이들은 자신의 씨족으로 끌어들이는 경우도 있었다. 하지만 그야말로 남녀노소 할 것 없이 모두 죽여 '씨를 말리는' 일도 드물지 않았다. 칭기즈칸은 중앙아시아의 부족들을 자신의 깃발 아래 통일할 때도 이런 잔인함을 보였다. 모두 죽이면 원한을 품을 사람도 없고 후환을 두려워하지 않아도 되었기에 칭기즈칸은 그저 세계 정복의 길을 향하여 매진할 수 있었다.

세계 정복에 나선 뒤에도 칭기즈칸은 몽골족의 냉혹성을 적극 활용했다. 칭기즈칸의 요구에 굴복한 부족은 목숨을 부지할 수 있었지만 저항한 부족들은 멸족당했다. 공성전에 오래 버틴 도시나 여러 가지로 칭기즈칸을 거슬리게 한 자들은 예외없이 철저한 분노의 대가를 받았다. 주민들이 모두 학살되고 짐승들도 온통 도살당했으며 온 마을이 불길 속에 사라졌다. 이런 경우에 몽골군은 약탈조차 금지당했다. 말그대로 모든 것을 파괴했기 때문이었다.

하지만 칭기즈칸이 그렇게까지 분노하는 경우는 많지 않았다. 실제로 그렇게 되면 병사들이 힘겹게 공성전을 펼치며 기대했던 전리품을 얻을 수 없었기 때문에 함부로 '몰살' 명령을 내리지는 못했다. 몽골족은 잔혹하다는 명성이 전장에 나섰을 때나 협상 테이블에 앉았을 때 상대의 심리를 압박하는 강력한 무기가 된다는 것을 잘 알고 있었다. 그들은 난폭한 행동을 금기시할 이유가 전혀 없었으며 결코 자신들의 방식을 포기하지 않았다.

뛰어난 리더는 고정관념을 넘어선다

칭기즈칸의 성품 가운데 빼놓을 수 없는 것이 바로 놀라운 적응력이었다. 유목 부족이 으레 그렇듯이 몽골족도 적응력이 뛰어났지만 몇몇 낡은 관념들을 완전히 버리지는 못했다. 예를 들어 다른 부족의 문화나 생활 방식을 받아들이려 하지 않았다. 몽골족은 농민들을 '농작물을 심어서 초원을 망가뜨리는 해로운 무리'라고 여겼다. 가축을 빼앗을 생각으로 그 땅에 사는 농민을 죽이는 일도 흔했다. 어느 땐가는 중국 북부의 농민들을 모조리 죽이고 그곳에 말과 가축을 키울 생각까지 했을 정도이다.

칭기즈칸과 그 후계자들은 유목 부족의 낡은 생각을 버리고 농민이나 도시 주민들의 생활 방식에 적응하려고 노력했다. 칭기즈칸은 고정관념을 벗고 새로운 것을 받아들였던 인물이었다. 맨먼저 그는 비몽골 유목 부족들(대개 투르크족)에 적응했고, 그 다음에는 농촌과 도시에 정착한 몽골족과 투르크족에 적응했다.

칭기즈칸은 이들의 생활상과 사고방식을 파악한 후 행정 요직을 맡겼으며, 그 후 후손들은 한 걸음 더 나아가 중국에서 이란에 이르는 드넓은 지역을 통치하는 엄청난 적응력을 보여 주었다.

칭기즈칸은 1227년, 중국 정복에 박차를 가하기 위한 전투를 준비하던 도중에 사망했다. 중국 정복의 야심은 이후 그의 아들과 손자들 대에서 완성되었고, 칭키즈칸이 이룬 군사적·정치적 개혁은 이후 두 세기 동안이나 힘을 발휘했다. 그의 자손 중에는 유능한 이도 있었지만 그렇지 못한 이도 있었다.

그러나 칭기즈칸이 죽은 뒤에도 몽골족이 계속 강성함을 유지할 수 있었던 비결은 바로 그가 남긴 '제도' 덕분이었다. 칭기즈칸이 남긴 기술을 활용하는 데는 천재가 필요하지 않았다. 중앙아시아 평원의 전사들은 오랜 유목과 약탈 생활로 대체로 냉혹한 편이었다. 속도와 규율과 무기 그리고 유목 민족의 전통적 장비들 또한 전과 다름없었다.

역설적이게도 몽골족이 결국 쇠락하게 된 이유는 그들의 성공 때문이었다. 그들이 아무리 '전통'을 고집하는 민족이라고 해도 몽고 땅 바깥에서 지내는 시간이 길어지자 기존의 생활 방식을 유지하며 살기가 몹시 어려워졌다.

이란이건 중국이건 남쪽 나라의 생활은 더없이 편안했다. 몇 세대에 걸쳐 각 지역의 여인들과 통혼하고 평온한 삶에 안주하면서 몽골 바깥에 사는 몽골족은 몽골족으로서의 정체성을 잃어버렸다.

몽고 땅으로 돌아간 몽골족에게도 많은 변화가 있었다. 귀환 병사들은 많은 비몽골 여인들을 고향에 데리고 갔고 그들에게서 태어난 자녀들은 어머니가 몽골족이 아니기 때문에 행동도 생김

새도 영 몽골족답지 않았다. 게다가 몽골 전사들이 계속 몽고 땅을 벗어났기 때문에 몽고 본토의 인구는 점차 줄어들 수밖에 없었다.

칭기즈칸의 승리는 피의 대가 없이는 불가능한 것이었다. 몽골족 남자들은 10대 후반부터 적어도 30대까지 몇 번이고 전투에 나서야 했다. 전투에서 가장 큰 피해를 주는 것은 적군이 아니라 사고와 질병이었다. 특히 질병의 피해는 엄청나서 동남아시아 지역에서 전투가 벌어지면 병력의 절반 이상을 질병으로 잃는 게 보통이었다.

전투의 조건이 아무리 유리하고 또 결과가 승리로 이어졌다고 해도 병력의 10~20퍼센트는 죽거나 심각한 부상을 입었다. 애초에 80만 명뿐이던 몽골족 가운데 징병 가능한 인구는 10만 명에 불과했다. 차츰 비몽골 출신 병사들이 많이 합세했지만 그만큼의 몽골족 병사들이 또 전투로 희생당했다. 수십 년에 걸친 정복 전쟁 동안 많은 몽골 병사들은 죽거나 정복지에 정착하거나 부상으로 전투 능력을 잃었다. 몽골족의 융성과 쇠락은 승리가 승리자를 무너뜨린 하나의 예로 볼 수 있다.

몽골족은 결국 이민족에게 자신들의 생활 방식을 불어넣지 못했다. 몽골족의 문화는 중앙아시아 평원에서만 살아남았다. 몽골족들은 다른 지역에서도 자신들의 문화를 전파하려고 애썼으나 결과는 언제나 그들이 다수의 피정복민 문화에 흡수되는 쪽이었다. 이란, 중국을 막론하고 모든 점령지에서 똑같은 일이 벌어졌다.

그들이 20세기까지 명맥을 유지한 곳은 러시아 남부의 광대한 평원 지역뿐이었다. 칭기즈칸의 손자 바투가 건국한 나라로 13~15세기 동안 러시아를 지배했던 '황금군단'은 몽고 땅과 매우 비슷한 곳에 자리잡고 번영을 누리다가 원주민인 러시아인들에게 복속되고 말았다.

몽골족은 자신들이 저지른 살상과 파괴가 나쁜 일이라고는 추호도 생각하지 않았다. 그들의 목표는 정복과 약탈이었고 정복지에 남아 행정 체제를 꾸린 것도 약탈을 더 쉽고 지속적으로 하기 위해서였을 뿐이었다. 몽골족은 물질적 이해가 우선인 민족이었고 칭기즈칸은 자기 민족의 속성을 잘 활용한 지도자였다. 그러나 이들은 뛰어난 활약을 펼치고도 만족스러운 결과를 얻지 못한 불명예스러운 사례로 역사에 기록되었다.

불가능을 가능으로 바꾼 영웅
나폴레옹 1세

나폴레옹 1세(Napoleon Bonaparte I)

[1769~1821] 프랑스의 황제. 1804년에 황제의 자리에 올라 제1제정을 수립하고 유럽 대륙을 정복하였으나 트라팔가르 해전에서 영국 해군에 패하고 러시아 원정에도 실패하여 퇴위하였다. 엘바 섬에 유배되었다가 탈출하여 이른바 '백일천하'를 실현하였으나 다시 세인트 헬레나 섬으로 유배되어 그곳에서 죽었다. 재위 기간은 1804~1815년이다.

나폴레옹은 뛰어난 장군이었으며 경영에도 탁월한 능력을 보였다. 특히나 조직과 행정 분야에서 두각을 나타냈다.

나폴레옹이 프랑스 혁명을 장악한 뒤 프랑스 공직 사회에 단행한 전면적인 개혁의 결과는 오늘날 프랑스뿐 아니라 다른 나라의 정부 조직과 관리 체계에도 지대한 영향을 미쳤다. 덕분에 나폴레옹 이후 프랑스를 포함한 모든 유럽 국가들의 정부는 그야말로 환골탈태할 수 있었다.

나폴레옹은 재능이 많기도 했지만 자기 꾀에 걸려 넘어가지 않는 균형 감각을 함께 지닌 걸출한 인물이었다. 탁월한 지성을 타고난 인물이 균형 감각까지 겸비하는 경우는 드물다. 하지만 종국에는 나폴레옹 역시 과도한 야심과 자신감에 사로잡혀 실패하고 말았다. 성취한 순간에 몰락하기 쉬움을 간과한 것이다. 그러나 그가 권력에 있던 20년 동안 활용했던 재능과 운영 기술은 참으로 놀랍다.

나폴레옹이 전쟁을 벌일 군사력을 동원하는 데 가장 큰 걸림돌이 되었던 것 중 하나는 프랑스 정부 조직의 허술한 관리였다. 그래서 나폴레옹은 그동안 준비한 나폴레옹 법전을 1804년에 도입하면서 먼저 행정부를 최고 수준으로 개혁했다.

정부 개혁은 나폴레옹이 등장하기 10년 전부터 추진된 사업이었으나 나폴레옹 대에 와서야 비로소 주목할 만한 성과를 일궈 냈다. 당시 프랑스를 비롯한 세계 각국은 오랜 세월 동안 제각기 독립된 법과 관습을 지니고 살아온 봉건적 지역 공동체를 통일해야 할 과제를 안고 있었다.

혁명 전의 프랑스도 사정이 다르지 않아서 각 지역마다 사법 제도며 상업 규약이 모두 달랐다. 프랑스 혁명으로 귀족 계급과 그들의 봉건적 특권이 무너졌기 때문에 통일과 민족 국가로 이르는 과정이 이전에 비해 훨씬 수월해지긴 했다.

하지만 평민들, 특히 상인 계급은 지역의 법과 관행을 좀처럼 떨쳐 버리려 하지 않았다. 말하자면 기업 간부가 합병 후에 겪는 어려움과 유사한 상황이라고 할 수 있다.

나폴레옹은 사법 제도의 통합을 위해 과감하면서도 유연한 여러 조치를 신속하게 단행했다. 또한 오랫동안 통일된 국가 법전을 편찬하는 일에 참여했던 전문가들을 아우르는 데에도 많은 노력을 기울였다. 통일된 법전을 완성하고 실행시킨 원동력은 단연 나폴레옹이었다.

1802년에 이 시민 법전은 나폴레옹 법전으로 개칭되었고 오늘날까지도 이 이름으로 전해진다. 법전은 나폴레옹이 이룬 성과 가운데 가장 생명력이 길었고 나폴레옹 자신도 법전의 역사적 의의를 잘 알고 있었다.

나폴레옹 법전은 제각기 다른 수십 가지 법제도를 지닌 나라가 어떻게 보편적인 법률을 확립할 수 있는가를 보여준 모범적인 사례로 전 세계에 큰 영향을 미쳤다. 나폴레옹 법전은 현대 프랑스법전의 기본이며 다른 나라들의 법전도 여기서 크게 벗어나지 않았다.

'나폴레옹식' 인재 관리법을 배워라

나폴레옹은 여러 자원을 한데 모아서 강력한 행정, 정치, 군사력으로 응집시켰다. 일찍이 전장에서 통합과 조정 능력을 발휘했지만 프랑스 정부를 관리하고 외국 연합군을 동원하는 작업에도 똑같은 방법을 활용했다. 프랑스 군은 나폴레옹이 개발한 군사기술을 활용하여 광대한 지역에 걸쳐 활약하다가도 적에게 가장 큰 타격을 입힐 지역으로 재빨리 모일 수 있었다.

나폴레옹은 정부 조직을 재편하여 믿을 만한 인물을 각 분야의 실무자로 내세웠다. 그리고 이 행정관들을 조직적으로 활용하여 군대를 키우고 새 조세 제도를 실시하는 등의 전국적인 정책을 실행할 체제를 갖췄다. 외국 연합군에 대해서는 당근과 채찍 정책을 효과적으로 구사했다.

결과 또한 말 그대로 '나폴레옹식'이었다. 1812년 러시아를 침공할 때 나폴레옹은 60만에 이르는 대군을 일으켰는데, 군대 병력 대부분이 유럽의 다른 연합국 출신으로 이루어진 다국적 군이었다. 나폴레옹이 그토록 많은 외국 군인을 동원한 덕택에 프랑스는 엄청난 참화를 겪고도 직접적인 피해를 그나마 줄일 수 있었다.

'과학적 경영법'이 한 발 앞서게 한다

나폴레옹이 가장 좋아한 학문은 방법과 결과에서 완벽을 추구하는 수학이었다. 나폴레옹은 자신의 수학적 재능을 활용하여 모든 부문의 작업에서 어떤 것이 가장 효율적인 해결책이 될지 치밀하게 계산하고 밝혀냈다. 말하자면 과학자가 대기업의 대표가 된 경우와 비슷했다.

나폴레옹이 프랑스 정부 조직과 국가 경제를 재편한 주요 수단은 신중한 계획과 실행이었다. 그는 조금도 요행에 기대려 하지 않았다. 나폴레옹의 방식이 특히나 효과적이었던 이유는 그때까지도 사람들이 체계적인 방식을 잘 구사하지 못했던 탓이 크다. 과학적인 경영법이 본격적으로 등장하지 않았던 시대에 나폴레옹은 한 발 앞선 자의 이점을 한껏 누릴 수 있었다.

나폴레옹의 체계적인 군사 작전 수행법은 더더욱 큰 명성을 얻었다. 적군은 상황에 따라 임기응변식으로 군사 작전을 수행하는 데 반해, 나폴레옹은 꼼꼼한 계획을 토대로 체계적인 방책들을 내놓았다. 덕분에 그는 언제나 주도권을 장악할 수 있었다. 나폴레옹은 경영 아이디어나 기술 문제에 이르면 으레 한발짝 앞에서 상황을 판단하고 대책을 수립했다. 다른 사람들은 그런 방법이 있는 줄도 모를 때, 그는 일찌감치 효율적인 방법을 현실에 도입하여 효과적으로 활용했다.

상대에 대한 정보를 세심하게 챙겨라

나폴레옹은 병졸들부터 왕이나 황제에 이르기까지 사람을 판단하는 일에 매우 영민했다. 병사들을 다루는 일은 수많은 적국의 귀족들과 밀고 당기는 외교술을 펼치는 일과 비교하면 아주 쉬웠다. 그러나 나폴레옹은 자신의 목표를 잊지 않았고, 20년에 이르는 긴 세월동안 유럽의 군주들을 설득하고 구스르고 위협하여 자신의 편으로 만들었다.

적들을 아우를 수 있었던 힘의 원천은 개인적인 카리스마만은 아니었다. 나폴레옹은 적들의 동향을 꼼꼼히 분석하고 밀정과 정보책과 외교관을 광범위하게 활용하여 상대편에 대한 정보를 얻었다.

프랑스 정부의 전문가들은 입수된 정보들을 규합 · 정리하여 그에게 전달했고 나폴레옹은 이에 힘입어 적들과는 달리 언제나 준비를 갖추고 협상에 임할 수 있었다. 그러나 나폴레옹은 외교의 힘을 과신하는 오류를 범하고 말았다. 자신의 정책을 과도하게 밀어붙였음을 깨달았을 때 상황은 이미 회복하기 어려운 상태였다.

나폴레옹의 외교 정책을 통해서 우리는 상황을 장기적 관점에서 파악하지 못하면 어떤 결과가 빚어지는지를 알 수 있다. 한번 통한 일이라고 다음 번에도 똑같은 방식으로 통한다는 보장은 없는 것이다.

대중 동원 능력이 리더의 자질을 결정한다

나폴레옹의 주요 적국들은 인구가 프랑스의 세 배가 넘고 GDP는 두 배가 넘었지만 나폴레옹은 이들의 군사 공격을 대부분 막아내고 승리를 거머쥐었다. 나폴레옹의 힘은 자원 활용을 극대화한 데서 비롯되었다. 권력을 쥐고 있는 동안 그는 2백만의 군사를 동원했는데, 이들은 대부분 지원병이었으며 자질도 적국보다 우수했다. 2백만이라면 당시 인구의 6퍼센트에 이르는 수였다. 20세기 국가들의 군대는 총인구 대비 퍼센트가 이보다 두 배가 넘었지만, 나폴레옹은 최초로 현대적인 대중 동원을 해낸 사람이었다.

남북전쟁 당시에는 나폴레옹이 통치한 인구와 비슷한 규모의 인구 중 3백만 명의 미국인이 참전했다. 나폴레옹 시대 이후 45년 동안 미국과 유럽은 놀라운 산업화를 이루었고, 이에 따라 미국인들은 대중 동원력을 한층 더 높일 수 있었다. 그러나 나폴레옹이 보인 성과는 유럽인들이 일찍이 본 적 없는 어마어마한 것이었다.

매스미디어를 적극 활용하라

나폴레옹은 매스미디어의 잠재적 위력을 알아차린 선구적인 근대 통치자였다. 나폴레옹 시대에 매스미디어는 막 싹을 틔운 단계였다. 진정한 의미의 매스미디어는 그 후로도 20년이 더 지나서 증기 기관으로 움직이는 인쇄기가 수백만 주의 신문이며 팸플릿, 포스터, 책들을 싼 값에 찍어낼 수 있게 되었을 때 비로소 시작되었다.

나폴레옹은 시대의 변화를 읽었고 얼마 안 되는 한정판 신문이라도 정치적 관심이 높은 사람들에게는 광범위하게 유통된다는 사실에 주목했다. 그래서 그는 전쟁 중에도 정기적으로 공지를 발행했고, 언론사들을 통제하여 공지에 대해 호의적인 보도와 논평을 싣도록 했다.

전투가 없을 때는 특히 정부 발행 보도 자료들을 쉬운 글로 기사화하는 데 각별한 신경을 썼다. 때로는 스스로 성명문을 써서 발표하기도 했다. 나폴레옹은 언제나 자신의 대중적 이미지와 일반 여론을 강하게 의식했다. 황제의 자리에 오른 뒤에도 그는 대중의 여론을 주시하는 점에서는 민주주의자와 같은 면모를 보였다.

'당근'은 충성심을 유지시킨다

나폴레옹이 제1통령이 되었다가 종신 통령이 되고 나중에 황제까지 이른 것은 혁명 이후의 프랑스 정계가 너무도 혼란스러워 정책 결정과 실행이 몹시 어려웠기 때문이다. 저마다 한 마디씩 거들고 나서는 정치가들은 참으로 많았다. 그가 통령의 자리에 오른 것은 이런 정치 상황을 통제하려는 계획의 하나였다.

그러나 수많은 정적에 둘러싸인 통령으로서 나폴레옹의 실제 권력은 미미했고 계획한 과업은 산더미처럼 쌓여 있었다. 그래서 그는 안정된 정치 권력을 확보하기 위한 방편으로 돈과 개인적 카리스마와 위협 등 다양한 술책을 구사하여 프랑스의 정치 지도자들이나 정치적 야망을 품은 사람들을 대부분 굴복시켰다.

그가 군주제를 부활시키며 황제의 자리에 오른 이유 가운데 하나는 땅과 정치 권력을 하사하고 그 대가로 충성을 얻어내는 중세기의 방법을 자유롭게 활용하기 위해서였다. 그러나 풍요의 땅 프랑스마저도 그럴 만한 재원이 충분하지 않았다.

나폴레옹은 피점령국의 땅과 작위를 측근들에게 나누어 주었으며 이런 식의 금품 공세는 어느 정도 힘을 발휘했다. 나폴레옹이 난국에 처했을 때 그에게 은혜를 입은 장군과 관리들은 강한 충성심을 발휘했다.

그러나 상황이 악화되자 그들은 반대편으로 돌아서서 1814년 나폴레옹을 몰아내는 데 일조했다. 땅을 모조리 잃고 나서도 지속되는 충성이란 없었다. 그러나 마지막 시기를 제외하고는 나폴레옹의 정치적 통제 수단은 실제로 많은 효과를 보았다.

합리적 결단력은 리더십의 최고 무기이다

나폴레옹은 무슨 일을 해야 할지 몰라 고민하는 일이 거의 없었고 고민하는 순간에도 곧바로 무슨 일인가에 착수할 준비가 되어 있었다. 이 점에서 그는 전장이나 외교 현장에서 마주치는 적들과 엄연히 구별되었다. 다른 유럽 국가에 훌륭한 군 지휘관이 거의 없을 때 전쟁을 치른 것 또한 나폴레옹에게는 행운이었다. 그보다 한두 세대 정도 앞서는 명장들인 프로이센의 프리드리히 대왕이나 러시아의 수보로프와 비교하면 나폴레옹의 결단력은 때때로 무모해 보이기까지 했다.

그러나 나폴레옹은 충분한 방책과 계획을 갖추고 결단력을 발휘했기 때문에 열정만 가지고 마구 덤벼드는 적들을 능히 막아낼 수 있었다. 나폴레옹이 실각한 이유는 그를 받쳐줄 능력을 가진 부하가 없기 때문이다. 시간이 지남에 따라 나폴레옹의 적들도 차츰 능력을 키우긴 했지만, 과감한 결단을 내리는 면에서는 나폴레옹을 따라갈 사람이 없었다. 그러나 대부분의 경우 나폴레옹은 무모함보다는 합리성과 효율성에 기초하여 빈틈없는 결단력을 발휘했다.

열정은 성공을 위한 필수 요건이다

나폴레옹은 모든 교육을 군사 학교에서 받은 군의 아들이었다. 군사학교를 마친 뒤에는 10대의 나이로 곧장 프랑스군에 뛰어들 정도로 나폴레옹은 전투에 대한 열정으로 가득했다.

나폴레옹은 복잡하게 얽힌 사회문제도 결정적인 전투 몇 차례로 해결될 수 있다고 믿었다. 그는 전투 군인으로서 꽤 좋은 출발을 보였고 위험스런 전투를 무사히 치러낸 덕에 초급 장교로서 사람들의 인정을 받았다. 나폴레옹 스스로도 창의력이 넘치는 사람이었지만 이전 몇 세대 동안 군 혁신자들이 유용한 아이디어들을 숱하게 내놓은 뒤에 그가 등장한 것도 행운이었다.

현대 군의 전투 단위(여단, 사단, 군단 등)가 틀을 갖춘 것이나 포병대가 전투의 주력으로 떠오른 것도 나폴레옹이 역사의 무대에 막 나타났을 때와 시기를 같이했다. 이 두 가지 변화가 있었기에 나폴레옹 방식의 전투도 있을 수 있었다. 나폴레옹은 군사 작전에 대한 열정에다 타고난 재능, 효율적인 여러 기술을 결합시켜

무수한 승리를 이끌어냈다.

나폴레옹은 정부 직책을 가진 귀족이었다. 그의 선조들은 코르시카와 이탈리아에서 여러 세대 동안 귀족 가문을 이루었지만 정부 직책을 맡지는 못했다.

나폴레옹은 왕정시대 군 장교의 대다수를 차지했던 다른 귀족들과 마찬가지로 1790년대 초기에 왕정주의 군대가 공화주의 군대로 변모했을 때에도 군대를 떠나지 않았다.

코르시카의 하급 귀족 출신으로 당시 21세의 중위였던 나폴레옹은 공화주의 혁명을 배신할 위험한 왕정주의자로 여겨지지 않았다. 젊은 시절의 나폴레옹은 혁명의 이상을 믿었고 왕정주의자에게도 공화주의자에게도 확고한 혁명주의자의 모습을 보였다.

하지만 1799년 프랑스 정부의 수반이 되고 마침내 독재 권력을 쥐게 되자 왕정의 이점들에 눈을 돌리기 시작했다. 그리하여 그는 프랑스 국민을 상대로 군주제 복귀가 결코 나쁜 일이 아니라고 재차 설득했다.

나폴레옹은 1804년, 교황이 함께 한 자리에서 스스로 자신의 머리에 왕관을 씌워 황제가 되었다.

그런데 이런 일들은 그의 말처럼 프랑스 국민들만을 위해서 실행한 것은 아니었다.

나폴레옹이 노린 점은 유럽 다른 나라들의 왕과 황제들에게 '군주제로 복귀한 프랑스가 더 이상 유럽의 왕정주의자들과 그들이 통치하는 봉건 정부를 위협하는 존재가 아님'을 납득시키는 일이었다.

1810년 그는 오스트리아 황제의 딸과 결혼했다. 이로써 유럽 귀족들로부터 어느 정도 호의를 이끌어 내긴 했지만 누가 보더라도 프랑스는 여전히 유럽의 패자霸者였고 프랑스 국민이나 정부 조직에는 공화주의 이상이 아주 광범위하게 남아 있었다.

다른 유럽 국가들은 나폴레옹이 군사 정복과 내정 간섭을 그만둔다면 기꺼이 타협할 준비를 갖추고 있었지만, 나폴레옹의 야심은 프랑스에만 갇혀 있기에는 너무 컸다. 그리고 이웃 나라들은 당연히 그런 나폴레옹과 싸움을 그칠 수 없었다.

─── 인간적인 매력과 카리스마를 활용하라 ───

나폴레옹은 수줍음이 많은 편이었지만 인간적인 매력이 많은 문제를 해결한다는 사실을 알고 있었다. 그래서 타고난 상냥한 성격을 나이가 들고 더 큰 권력을 갖게 됨에 따라 개인적 매력으로 키워서 효과적으로 이용했다. 그의 적들마저도 나폴레옹을 일대일로 만나면 그의 매력에 빠져들었고 깊은 인상을 받았다.

나폴레옹은 개인적인 매력을 자주 활용했고 시간이 지날수록 그 효과는 더욱 커졌다. 카리스마는 그의 막대한 권력과 결합하여 개인이나 집단을 대하는 강력한 무기가 되었다.

카리스마와 인간적인 호감은 지금껏 많은 군 지도자와 경영자들에게 효율적인 수단이 되었으며 이 사실은 앞으로도 변함없을 것이다.

감시와 통제는 리더십의 재앙이 된다

나폴레옹 시대의 프랑스는 최초의 근대 경찰국가이기도 했다. 수천 명의 사람이 요주의 인물로 분류되어 끊임없이 감시를 받았고 정규 경찰과 비밀 경찰이 매사를 엄격하게 단속했다. 각종 매체도 사법 제도와 마찬가지로 강력하게 통제되었다.

나폴레옹은 프랑스에 질서를 확립해야만 계획을 실행할 수 있다고 보았다. 그리고 자신이 국민의 지지 속에 준비된 계획을 잘 수행하기만 한다면 경찰 국가 체제가 큰 문제가 되지 않으리라고 생각했다. 대부분의 독재자나 통치광統治狂 들과 마찬가지로 나폴레옹의 판단도 사람들의 반발을 샀다.

시간이 지날수록 사람들의 분노는 점점 더 커져만 갔다. 그의 운이 다하였을 때, 그에게 짓밟혔던 수많은 사람들은 복수의 의지를 불태우며 쉴새없이 덤벼들었다. 땅에 떨어진 나폴레옹의 명성은 그가 죽은 후 몇 십 년이 지난 뒤부터 차츰 호전되었다.

하지만 실각 직후에는 많은 프랑스 국민이 나폴레옹과 그의 정부에 반감을 품고 있었다. 경영자들은 이를 통해 함부로 직원을 감시해서는 안 된다는 교훈을 얻을 수 있다. 직원들이 감시 수단에 반감을 품으면, 처음에는 통제가 어느 정도 이익을 준다 해도 나중에 가서는 비용만 낭비하는 결과를 초래하기 때문이다.

'나폴레옹식' 경영에 귀기울여라

나폴레옹이 선택한 통치 수단은 권위주의적이었지만 처신하는 면모는 민주주의자와 같았다. 그는 여론의 향방에 주의를 기울였고 자신의 소탈한 풍모와 대중에 대한 애정을 널리 알리기 위해 많은 애를 썼다. 따라서 그를 단순한 독재자로 보기에는 무리가 있다.

경영자들도 흔히 '독재적 권력'이라고 불러야 할 힘을 쥐곤 한다. 그러나 어떤 조직에서도 힘은 강압적이어서는 안 된다. 실제로는 통제와 감시 속에 조직을 이끌면서도 민주주의적인 풍모를 보인다면 그것은 사려깊은 태도라 할 만하다.

나폴레옹은 경영자들에게 풍부한 교훈을 남겼으며 기본적으로 그 역시 경영자였다. 사람들은 그의 전투 성과에 가장 많이 주목하지만 인류에게 가장 큰 영향을 미친 것은 경영 관리의 업적이었다.

나폴레옹은 현대적 테크노크라트(technocrat│전문 기술자 출신의 고급 관료) 경영자들의 선구자이기도 했다. 그는 여러 과학 과목을 두루 공부했으며 특히 수학을 좋아했다. 그는 주변에 항상 과학자와 기술자들을 두었으며 과학자와 같은 방식으로 앞일을 내다보았다. 그가 결국 문제에 부닥치게 된 이유도 정밀한 계산력을 잃어버린 채 러시아 침공과 같은 무모한 일을 벌였기 때문이다.

그렇다고 나폴레옹을 경솔하고 어리석은 사람으로 속단해서는 곤란하다. 그는 내성적인 성격을 타고 났으나 많은 노력으로 천성을 극복하고 성공적인 인간 관계를 구축한 뛰어난 인물이었다. 나폴레옹의 경영 기법을 연구하려면 그가 행한 업적의 이면을 들여다보아야 한다. 그러면 나폴레옹이 어떻게 그처럼 불가능해 보이는 일들을 성취할 수 있었는지, '나폴레옹식' 기술들을 어떻게 실행했는지 구체적으로 파악할 수 있을 것이다.

마음을 사고 마음을 이용한

이기적 리더십

세상을 훔친 영웅들의 귀신도 부리는 심리학

초판 인쇄 2019년 11월 20일
초판 발행 2019년 11월 25일

지은이   서상원
펴낸이   김상철
발행처   스타북스
등록번호   제300-2006-00104호
주소   서울특별시 종로구 종로1가 르메이에르 1415호
전화   02) 735-1312
팩스   02) 735-5501
이메일   starbooks22@naver.com
ISBN   979-11-5795-486-5 03320

ⓒ 2019 Starbooks Inc.
Printed in Seoul, Korea